托克托历史人物故事

（第四辑）

杨利民　编著

远方出版社

·呼和浩特·

图书在版编目(CIP)数据

托克托历史人物故事.第四辑/杨利民编著.
呼和浩特:远方出版社,2025.8.--ISBN 978-7-5555-2218-8

Ⅰ.K820.826.4

中国国家版本馆CIP数据核字第2025LP6577号

托克托历史人物故事(第四辑)
TUOKETUO LISHI RENWU GUSHI DI-SI JI

编　　著　杨利民
责任编辑　蒙丽芳
封面设计　丁雪芝
版式设计　王　倩
出版发行　远方出版社
社　　址　呼和浩特市乌兰察布东路666号　邮编010010
电　　话　(0471)2236473总编室　2236460发行部
经　　销　新华书店
印　　刷　内蒙古日报北方印务有限责任公司
开　　本　880毫米×1230毫米　1/32
字　　数　112千
印　　张　5
版　　次　2025年8月第1版
印　　次　2025年8月第1版 印刷
印　　数　1—2900册
标准书号　ISBN 978-7-5555-2218-8
定　　价　58.00元

序(一)

老友杨利民,雅好文史,虽入金融系统,然宿志不改。精算之余,爬罗史志,搜求逸闻。数十年之功,积稿盈尺,于地方文化建设,曰有功焉。结集为《托克托历史人物故事》,嘱予作序。予不敢辞焉,聊缀数语,以作引玉之砖。

书名有数语:托克托、历史、人物、故事,先略释之。托克托,考其原始,明嘉靖中期,西土默特部阿拉坦汗义子恰台吉(即脱脱,亦作妥妥)驻牧妥妥城(托克托城)。当以阿拉坦汗义子之名脱脱得名。脱脱应为蒙古族常用名。《元史》撰者即名脱脱,又作托克托,可证。盖脱为入声字,中古时期收k尾,而克即将k译写为一个汉字而成,脱脱与托克托,当为蒙古名之两种译法,托县常称拖城,乃脱脱城、托克托城之简称。历史,乃过去之事。历史之于中华文化,有其独特之文化价值。司马迁有云:“思往事,知来者”“究天人之际,通古今之变,成一家之言”。历史不仅记录中华文化之精髓,更要以古鉴今,揭示历史发展之规律,以之有用于当世。人物,为有文治武功或奇闻逸事,载入史册或流传于民间之人。故事,乃某事件之文学化表述,于人有启发警策之用。历史人物故事者,非确凿可考之史实,乃是有历史依据之故事。《托克托历史人物故事》,即此义。

托克托之名始于明嘉靖中期,不足500年。若提及云中,则一跃而至战国年间,直溯2300年之外。若说到海生不浪(当为海生不拉)文化,则更在五六千年之外之新石器文明,兹不赘述。托克托为历史文化之人文荟萃之地,当非溢美。诸君可至托克托县博物馆一观便知。

云中郡,战国赵武灵王始设,治所即在今托克托境内。秦汉因之,治所或有变化。之后屡废屡建,云中之名,虽时见于史籍,然治所详情,邈然不可考。及至李唐,与北方游牧部族争雄,云中故地,又得重光。史籍所载,或略或详,虽间有龃龉,此亦史学故常,殊不足怪,留待学者考辨。塞外名城,云中之城隐没于历史迷雾之中?云中之事,吉光片羽,难寻全貌;云中之人,鸢飞豹隐,时见一斑。史家诠叙故事,则材料不足;塞外古城风流,倩何人演说?唯杨君诚笃,多年孜孜不倦,于经史子集中爬罗剔抉,将与云中、托克托相关之遗珠断简尽数拣出,精心编辑,成此《托克托历史人物故事》,不亦可乎?

开卷展读,耳目一新。自先秦及清代,帝王将相、文人骚客、异人侠士、豪商巨贾、布衣名流,均与云中、托克托有关系,果如是邪?此乃历史与历史故事之别。历史以史料为核心,近人王国维首倡"二重证据法":"吾辈生于今日,幸于纸上之材料外,更得地下之新材料。由此种材料,我辈固得据以补正纸上之材料,亦得证明古书之某部分全为实录,即百家不雅训之言亦不无表示一面之事实。此二重证据法惟在今日始得为之。”史学大家陈寅恪云:“一曰取地下之实物与纸上之遗文互相释证”,“二曰取异族之故书与吾国之旧籍互相补正”,“三曰取外来之观念,以固有之材料互相参证”。简言之,即以各种材料(传世文献、地下文献等)相互印证,方得确认。此历史研究之正途,无可置疑。历史故事则有所不同。史籍所载,必有详略,详者易知,略者阙如。且文献传承,洵多艰难。秦火固不必说,兵燹战乱,水火无妄,典籍传承,危若悬丝。观历代典籍著录,只存其名,不见其书,无片纸可睹者何止千万。赅博如孔子者,也有“礼失,求诸野”之叹。史料灭失、史籍失载,固为史家无可奈何之事;然故事则不然,依史料之线索,寻草蛇灰线,加以补充,以合理之想象,由一管所窥绘全豹之美,现鲜活场景,乃故事之所长。

云中始建于战国,兴于秦汉。虽处塞外,然为古代西北重镇,为兵家所争。隋唐时地位更显,官府军政文教多有建设,史籍典册所载甚多。洎乎明清,托克托负云中之荣光重现于世。境内河口镇为黄河上中游分界点,地理位置优越。明朝开发西部,内地物资转输西北,黄河船运其利愈显。河口镇为重要水旱码头,下接晋冀,上通呼包,远至库伦(今蒙古国乌兰巴托)。舳舻相接,店铺林立,商贾云集,百业兴旺,洵为一时之盛。至平绥铁路开行,黄河航运渐告没落,河口镇亦不为人知。现在政府努力恢复河口镇旅游事业,旧貌换新颜,庶几可待。与中原市县相较,托克托难言富庶。但几千年积淀之文教土壤,孕育代代杰出人物。就此言之,人杰地灵,不为过誉。诸君展卷而读,当知余言不谬。

欣逢盛世,何幸如之!乘国运之昌旺,发古郡之声威。弘教化于塞外,建功勋于宇内。固为我托克托人之天职,可不勉旃!

是为序。

杜若明

北京大学教授

2019年10月14日

序(二)

杨利民,托克托县河口镇人,与我是初中同学、高中同桌。1977年恢复高考时,我们读初二;1978年,升初三,我们同班。当时,教室是平房,教室后墙和外墙各有一块大黑板,各班负责墙报,学校会定期检查评比。杨利民是宣传委员,负责班级墙报工作,既组稿又撰稿,还要完成版面设计、插图、美术字和板书等,因评比屡获奖,大家尊称他为“杨总编”。

杨利民大学所学专业为中文,毕业后进入银行工作。工作之余,他就潜心研究托克托历史。30多年来,他不停地走访相关史学研究者,自费到全国各地图书馆查询相关历史文献,完成《托克托历史人物故事》。印象中,书中所述历史人物、历史事件,好像与托克托并无交集。

公元前219年,秦始皇为了长生不老,巡游赵国故地云中郡(今内蒙古自治区托克托县东北),寻找吉祥之鸟——天鹅;公元前200年,汉高祖刘邦封陈豨为列侯,统管赵国、代国及包括云中郡在内的戍卫边疆的军队,这是有关托克托最早的历史记载。还有托克托保持至今的物资交流大会,历史悠久,可以追溯到金代。

公元429年,巾帼英雄花木兰女扮男装从军12年,参加了北伐黑山(今内蒙古自治区托克托县黑城东)之战。公元682年,大将薛仁贵在单于都护府(今内蒙古自治区托克托县东北)指挥了云州战役。

再有,托克托有诸多历史人物,如公元1182年出生的武都,官至户部尚书;公元1181年出生的程震,与其兄程鼎同科进士及第,官至监察御史;公元1203年出生的孟攀鳞因才华出众,被忽必烈授予翰林之职;公元1234年出生的程思廉,与人为善,为官清廉,疾恶如仇,刚正不阿,于公元1269年进入京师升任监察御史;明朝名将孙镗,托克托人,后被封为涞国公,充任总兵官。

印象中,为了生存,人口向来是北迁,如走西口、闯关东;但公元1373年9月,明太祖朱元璋下令将东胜州(今内蒙古自治区托克托县)、云内州(今内蒙古自治区托克托县)等地4万多户约22万人迁到中立府(今安徽省凤阳县),值得历史学家深入研究。

书中记载了与托克托有关的几位皇帝,但百姓口中流传最广的还数清康熙皇帝。公元1696年农历十月二十八日,为征讨噶尔丹叛乱,康熙率领大军来到湖滩和硕(今内蒙古自治区托克托县河口)黄河岸边。因黄河流凌、河水湍急,大军无法过河,暂驻在湖滩和硕。农历十一月三日,康熙泛舟黄河,诗兴大发,吟诗一首。

黄 河

黄涛何汹汹,寒至始流凌。

解缆风犹紧,移舟浪不兴。
威行宜气肃,恩布觉阳升。
化理应多洽,嚣氛顷刻澄。

杨利民30多年孜孜不倦地研究与考证,为续写和完善托克托历史做出了贡献,他把托克托历史与中国历史紧密结合在一起,把一个传承的、鲜活的、动态的、有血有肉的托克托历史展示在世人面前。

因留存下来的文献资料有限,不能完全还原历史真相,但杨利民为托克托历史研究走出第一步,实属不易。此作凝结了作者30多年的心血,奠定了托克托历史人物研究的基础。

贺振富
国家发展和改革委员会、国家能源局专家
2019年10月9日

序(三)

追随着杨利民先生关于托克托县历史人物故事系列文章的不断发表和陆陆续续地结集出版,我饶有兴趣地一路读了下去。展卷之际,除了赞叹这个塞外小县历史的悠久和丰富,便是感慨这些文章的可贵价值和撰写它们的难能。

先谈其“可贵”。

志书是端庄肃穆的,但也常是冰冷的、抽象的、直线条的,少些温度,少些细节,少些旁逸斜出,少些生活的杂芜和生命的悲欢;而稗官野史、小说家言,倒是活泼亲切的,有声有色的,但也常是附会想象,羌无实据,失去了史学价值。利民先生的这些文章,则以另一种姿态出现,走的是对二者扬长避短的中间之路。

作者以治学的态度撰写文章,不用传说,不搞戏说,更不向壁虚构,每个人、每件事都有所本,征引有据。研究方法既有文献稽考,又有田野调查,颇具学院之风。由于有此基础,这些文章必然会成为将来研究托克托县历史的重要文献资料。

另一方面,这些文章侧重细节,善讲故事,有时还关注历史人物的心灵世界,使得历史事件生动起来,历史人物有血有肉起来,避免了一般正史的呆板和平面。加之作者采用娓娓道来的叙述语言,有时还进行画面感很强的描绘,且常常借用诗词歌赋,使得文字有了味道,有了文采。

这是第一个可贵之处。

第二,截至现在,作者的这个系列故事已经有100多万字了,人物已经有100多个了。其纵向跨度使读者对托克托县文化的悠久有了更加真切的体会,每一个历史片段的介绍使读者对托县文化的灿烂有了更加具体的感受。与此前有关志书相比,作品不仅在历史人物的数量上,而且由于其广角度的、较为细致的展现以及现代意识的观照,所以在历史人物塑造的厚度和深度上,都大大增加了。这将提升托克托县在中华民族文明史上的地位,强化托克托县人民乃至整个土默川地区人民的历史自信。

第三,系列故事立足于普及知识和方便阅读,所以语言通俗晓畅,篇幅也都很短。对于成年人来说,宴卧漫行,开卷即览,每有一得,亦是快事;对于青少年学生来说,读之可懂,读之不倦,读之有益,故大可作为课外读物。

第四,作者用一些具体的故事叙述了一个宏大的主题。托克托县这片土地,是中国北方多民族活动的重要舞台之一。作者在这些历史故事中,讲述了与这个舞台有关的许多人物的故事,他们都在托克托县这个地方的发展历程中书写了重要一笔。"我们辽阔的疆域是各民族共同开拓的,我们悠久的历史是各民族共同书写的,我们灿烂的文化是各民族共同创造的,我们伟大的精神是各民族共同培育的。"这个思想贯穿在这些故事中,作者虽然没有明言,但分明始终在书写这个思想,如盐在水,无痕有味。这种对事实的客观陈述,具有很强的说服力,对于引导各族人民尤其是广大青少年铸牢中华民族共同体意识,有着极强的现实意义和深远的历史意义。

再谈“难能”。

托克托县这个地方,历来是兵家纷争、交融的前沿。这对于写史来说是一个优势:历史丰富——它有许多人物和事件值得书写;但这也是写史的难处:多数时候,托克托县这个地方并不在中国历史的中心舞台,所以有关历史的记录不够丰赡、不够全面、不够具体,而且关联记录较少,使得素材不足,直接资料更少。但利民先生能从史籍的汪洋大海中寻找到有关托克托这个地方的并不著名的历史人物或著名的历史人物的并不著名的事件。他善于从历史记载的一鳞半爪中捕捉到一点线索,由此牵引开来,再在其他地方找到印证和补充,互参互鉴,进而窥见其全貌,写出一个较为完整的人物故事。除了正史、全局史,作者还搜罗、征引了许多非主流性、非全局性的历史资料,如历代官修和民修的史料汇编、史稿、实录、地理志、民族志、地方志等,这些资料是对正史的有效补充。写作这些历史人物故事所需要的素材,多是原书一笔带过的、被学者和一般的读者所忽略的文字,以及电子图书索引没有的条目,所以靠简单查阅是很难觅得的,非作者博览、通读、细察不可。这是一个浩大的工程,作者须付出披沙拣金的艰辛劳动,具备洞幽烛微的深厚学力。这使我由衷地叹服利民先生!

我猜想,杨利民先生的这些文章,特别是由此结集出版的著作一定会影响今天和以后很多人,包括广大读者和有志于这方面研究的后辈学者。

马晓华
内蒙古师范大学附属中学教师
内蒙古师范大学教育硕士研究生导师
2022年7月31日

目 录

金　代

元　代

明　代

清　代

民　国

秦代

秦始皇与托克托

笔者在第一辑和第三辑中介绍了秦始皇与托克托的故事后,有读者来信问到两个问题,一个是秦始皇在出巡期间及死后运回咸阳,经过云中郡(郡治今托克托县古城镇古城村云中故城)时,用的是什么样的车?另一个是李斯和赵高用来消除人们怀疑的鲍鱼用了多少斤?下面分别予以答复。

一、秦始皇在出巡期间及死后运回咸阳,经过云中郡时,用的是什么样的车?

秦始皇一共出巡五次,其中两次经过今天的托克托县及周边地区,即第四次和第五次。

第一次出巡的地方是甘肃天水,及北地、鸡头山,主要是视察陇西方面对匈奴的防御情况;第二次出巡的规模比较宏大,先去了岳阳、武汉等楚地,然后是徐州、青岛、烟台等齐地,完成泰山封禅;第三次出巡主要是去齐地;第四次出巡主要是视察北部边防,去了秦皇岛的碣石,巡视了雁门、云中、九原、上郡等重要关塞;第五次出巡就是秦始皇的人生终点,他去了楚地、吴越、齐地,最后在邢台的沙丘病逝。

归途就是沿北方边郡的大道,从碣石(今河北省昌黎县北)西北行,经右北平(治无终,今河北省蓟县)、渔阳郡(治渔阳,今北京市密云区西南)、上谷郡(治沮阳,今河北省怀来县东南)、代郡(治代县,今河北省蔚县西南)、雁门郡(治善无,今山西省右玉南)、云中郡渡黄河,南经上郡(治肤施,今陕西省榆林市东南)至咸阳。

从1980年在陕西省临潼秦始皇陵出土的秦始皇陵二号铜车马来看,秦始皇出巡时乘坐的是驷马车,当时叫作"安车"。

"安车"是一个笼统的概念,它是相对于战车来说的。安车是日常生活中的代步工具,虽然速度没有战车那么快,但装饰比战车好。一般情况下,驾驶战车的人以站在车上的居多,而安车上的人基本都是坐着的。在秦始皇陵出土的这辆车上有一条铜辔(缰绳),上面写着红色的文字"安车第一"。

驷马车中间的两匹马叫服马,分别称作左服和右服;左右最外侧的两匹马叫骖马,分别称作左骖和右骖。

每匹马的身上都有两根缰绳(辔),驷马车中四匹马共有八根缰绳(八辔)。

驷马车的车厢并不高,人在里面可以坐或者躺,但是无法站立。秦始皇陵出土的这辆车的车厢三面有窗,可以根据天气冷热选择开窗或关窗,所以又叫辒辌车。

秦始皇东巡病逝后,李斯和赵高等人就是用辒辌车将秦始皇运回咸阳的。

到了汉代,开有车窗的辒辌车便成为专门运尸体的丧车,而安车则将辒辌车淘汰,辒辌车再也不属于安车范畴了。

二、李斯和赵高用来消除人们怀疑的鲍鱼用了多少斤?

《史记·秦始皇本纪》记载:“七月丙寅,始皇崩于沙丘平台。”另山西省右玉县杀虎口博物馆档案资料记载:“秦代作为边陲之地的善无县(今山西省右玉县),战略地位十分重要。大将蒙恬率军驻守,修建了连接全国交通网络的驰道,秦始皇病死河北沙丘后,取道善无县参合口(今山西省右玉县杀虎口镇),经云中郡入驰道,直道返回咸阳。”驰道是公元前220年开始,秦始皇大幅修筑的以国都咸阳为中心,向四面八方延伸的道路,类似于今天的高速公路。

秦始皇病死后,胡亥、赵高、李斯等人命令车队日夜兼程,经雁门郡善无县(今山西省右玉县杀虎口),过云中郡取直道迅速返回咸阳。为了继续欺骗臣民,车队不敢走捷径回咸阳,这才按原计划绕道云中郡。由于暑天高温,秦始皇的尸体已经腐烂发臭,为遮人耳目,胡亥一行命人买了许多鲍鱼装在车上。大概当时鲍鱼不贵,但鲍鱼的臭味古今未变,就这样鲍鱼的味道掩盖了尸体的臭味,迷惑了大家。

有一个成语叫作“鲍鱼之肆”,字面意思指售卖渍鱼的店铺,出自汉代刘向的《说苑·杂言》:“与恶人居,如入鲍鱼之肆,久而不闻其臭,亦与之化矣。”所以说,这里的鲍鱼也有可能是有腥臭味的渍鱼。不管是真的鲍鱼还是渍鱼,李斯和赵高等人专门拉了一石放在运送秦始皇的辒辌车上,用来消除人们的怀疑。

先秦时期,一石为一百二十斤。到了汉代,一石约合六十斤,当然又有大石与小石的区别,大石和小石的重量之比约为5:3,至于“石”被规定为容量单位,那是宋代的事情了,这里就不作叙述了。现代一石等于五十千克。

汉代

匈奴乌累单于与托克托

西汉末年,匈奴有一位叫栾提咸(也称咸)的人当了匈奴的大单于,称作乌累单于。他是匈奴呼韩邪单于的幼子,但不是王昭君所生。

王昭君在匈奴时,一共生一男二女。儿子名叫伊屠智牙师,是王昭君与呼韩邪单于所生,后为右日逐王;大女儿名叫云,是王昭君与复株累单于所生,后来嫁给右骨都侯须卜当,故称须卜居次(即须卜公主,汉名“云”,“居次”意为“公主”,亦称伊墨居次云);二女儿也是王昭君与复株累单于所生,因二女儿嫁给当于氏,故称当于居次。

王莽秉政后,为讨好太后,传单于令遣昭君女须卜居次入侍。考云之入侍太后,约在汉平帝元始元年。王莽始建国五年,乌珠留单于死,须卜当及云改立咸为乌累单于,由是推知,云返回匈奴当在始建国五年前。

栾提咸当匈奴单于之前,曾驻牧于今天的呼和浩特托克托县北部一带,当时他被单于封为左犁汗王。《远去的匈奴》

(盖山林、盖志浩著)记载:“左犁汙王咸的驻牧地,在今内蒙古托克托县北部一带。”

西汉末年,王莽为了提高自己的威信以及满足政治上的需要,发动了对边境各族的战争。王莽先以“四夷”不宜授王爵封号,当更号为侯为由,分派使节,调换他们的玺印。对北方匈奴,收回原来的“匈奴单于玺”,改授以“新匈奴单于章”,以降低其地位。此举引起匈奴的反抗,王莽派大将二十人,偏将以下百八十人,步兵三十万出征匈奴。

当时,王莽对匈奴的政策极端错误。首先,他违反了宣、元时期汉王朝与匈奴的有关约定;其次,他把宣帝时颁给呼韩邪的黄金质“匈奴单于玺”索回,另发给乌珠留“新匈奴单于章”(“新”字是王莽篡汉后的国号)。

据《汉书·匈奴传》记载,公元11年,王莽命令中郎将蔺苞、副校尉戴级率领一万骑兵,携带大量金银财宝前往云中边塞,招诱匈奴呼韩邪单于的儿孙们,打算按照顺序封他们为十五个单于。蔺苞、戴级先派翻译出塞,将左犁汙王栾提咸及栾提咸的儿子栾提登、栾提助等三人诱骗到云中。他们到达后,就用威胁利诱等手段,封栾提咸为孝单于,栾提助为顺单于,同时都给了他们厚重的赏赐,并用朝廷驿车把栾提登、栾提助接到长安。

另据《匈奴史》(林幹著,第34页)记载,考汉云中塞在今内蒙古自治区托克托县北,王莽使翻译官出塞便能把左犁汙王咸和他的两个儿子招呼入塞,则咸的驻牧地在云中塞外不远。大约在今托克托县北部。

在汉匈关系恶化的严峻时刻,王昭君的长女须卜居次(名云)与其夫右骨都侯须卜当——时任匈奴执政大臣——共同致力于斡旋调解,力图挽救濒临破裂的汉匈关系。于是,右骨都侯须卜当与云拥立与他们关系比较好的左犁汙王栾提咸为匈奴乌累单于。

左犁汙王咸之所以能被拥立为乌累单于,归功于王昭君的女儿云及女婿当的策划和推动,同时反映出当时匈奴内部主和派势力占据上风的态势。

在右骨都侯须卜当与云的策划和努力下,在匈奴乌累单于的主动争取下,汉匈再次实现了和亲。当时汉朝任用的和亲侯王歙是王昭君兄长的儿子,王歙与云是姑表亲。

李广、冯唐与托克托

唐代著名诗人王勃在《秋日登洪府滕王阁饯别序》中写道:"嗟乎,时运不齐,命运多舛,冯唐易老,李广难封。"

冯唐易老、李广难封,是两个典故。冯唐易老,形容老来难以得志。李广难封,是指功高不爵 。

文中提到的李广、冯唐二人都与今天的托克托有关系,听我慢慢道来。

一、冯唐易老

《云中守魏尚》是南宋文学家洪迈创作的一篇文章,源自《史记》《汉书》所记冯唐救魏尚的事。原文如下:

《史记》《汉书》所记冯唐救魏尚事,其始云:"魏尚为云中守,与匈奴战,上功幕府,一言不相应,文吏以法绳之,其赏不行。臣以为陛下赏太轻、罚太重。"而又申言之云:"且云中守魏尚,坐上功首虏差六级,陛下下之吏,削其爵,罚作之。"重言云中守及姓名,而文势益遒健有力,今人无此笔也。

洪迈的文章中两次写到云中郡守及其姓名,且讲到此时文章气势更加显得遒劲有力。

魏尚的好友、郎中署长冯唐认为对魏尚的处理不当,便当面向汉文帝直谏道:“我愚蠢地认为陛下的法令太严,奖赏太轻,惩罚太重。况且云中郡郡守魏尚只犯了错报多杀敌六人的罪,陛下就把他交给官吏,削他的爵位,判处一年苦役。由此说来,陛下纵然得到像廉颇、李牧那样的将才,也不懂得任用。”汉文帝觉得冯唐说得有道理,当天就令冯唐拿着符节去赦免了魏尚的罪,并且再度任命魏尚为云中郡郡守,同时又任命冯唐为车骑都尉,统领中尉和郡国的车战之士。

汉景帝即位后,由于冯唐性格耿直,不久又被罢官。汉景帝去世后,汉武帝即位,匈奴又来侵犯边疆,汉武帝又广征贤良,有人推举冯唐,可是冯唐已经九十多岁了,他心有余而力不足,再也不能出来任职。后来,人们就用“冯唐易老”来形容老来难以得志。

冯唐虽老,但毕竟当过车骑都尉这样的官。可是,李广到死都未封侯,为什么呢?

二、李广难封

《托克托县志》(1984年6月版)记载:“西汉李广,陇西成纪人,云中太守。”西汉云中郡郡治在今天的内蒙古呼和浩特市托克托县古城镇古城村。

李广是汉武帝时期非常有名的将军,被称为“飞将军”,可到死都没能封侯。而李广的儿子李敢并不怎么出名,都被封为关内侯 。

公元前134年,汉武帝封李广为骁骑将军,屯兵云中郡,公元前133年撤出。公元前129年,匈奴进犯上谷(治所在今河北省怀来县东南),杀掠吏民。汉武帝派车骑将军卫青、骑将军公孙敖、轻骑将军公孙贺、骁骑将军李广各率万骑从上谷郡、代郡、云中郡、雁门郡出兵。

卫青大军攻打至龙城(今锡林郭勒盟东乌珠穆沁旗、西乌珠穆沁旗一带),进攻匈奴左贤王部,杀伤及俘虏匈奴七百余人而返;李广、公孙敖失败而归;公孙贺无功而归。

总结李广打仗:两次差点儿全军覆没,一次因兵士死伤过多而功过相抵,还有一次因迷路无功而返。

由于种种原因,李广始终没有被封侯,但其对巩固汉朝边塞起着很重要的作用。

《中国通史》记载:“李广,汉朝名将,能征善战,长于骑射,为汉朝立下了赫赫战功。”

当时,李广作为汉朝的名将,主要活动于云中、五原等郡,其中云中尤为重要。云中郡作为汉王朝在北方地区的战略防御门户,李广出入云中郡十分频繁 。古代戍边将士被称作“长征健儿”,而匈奴称李广为“汉之飞将军”,故有“若有李广,边地身安”之说。

唐代著名诗人王昌龄,写了一首流传千古的诗来称赞李广,其诗《出塞》(其一)写道:“秦时明月汉时关,万里长征人未还。但使龙城飞将在,不教胡马度阴山。”这里的“飞将”指的就是李广。诗中所说的“龙城”,并不是卫青所破匈奴之龙城,而是李广的家乡,即今甘肃省天水市,也就是《托克托县志》中所记载的陇西成纪。

云中塞下的故事

西汉时期,在今天的土默川上设立了一个云中郡,郡属之县由秦时的两个,先后增为十一个,即云中、咸阳、陶林、桢陵、犊和、沙陵、原阳、沙南、北舆、武泉、阳寿,郡治云中县。云中县有个云中城,云中城下有云中塞。当年,这里发生了许多故事。

在汉匈争战的年月里,云中地区是战争的前线。西汉从武帝到元帝近百年间,汉王朝与匈奴所进行的战争,给双方人民造成极大的灾难。汉王朝在不同时期分别采取了屯田、和亲、开市、分封等手段和政策。汉元帝竟宁元年(公元前33年),呼韩邪单于第二次赴长安朝觐,汉元帝允王嫱(王昭君)与之和亲。自此以后,汉匈双方不仅维持了半个世纪的安定,而且也为后来匈奴南下附汉奠定了基础。

"新莽"时期,改云中郡为受降郡。诸县也都改名,云中改为远服,桢陵改为桢陆,沙陵改为希恩,阳寿改为常德,武泉改为顺泉。

两汉时期,云中地区由于地理位置重要,成为漠北匈奴与汉王朝争夺的地方。

左犁汗王咸后来成为匈奴的单于,叫作乌累单于。乌累单于(? —公元18年),若鞮氏,名咸,是汉新朝时期匈奴单于。公元13年—公元18年,在位六年。

乌累若鞮是呼韩邪单于的第五子,后成为匈奴第五任单于。呼韩邪临终,尝确立"兄终弟及"国策以期诸子悉数上位,其子复株累、搜谐、车牙、乌珠留、乌累兄弟遂依次继任。

乌累既立,封其弟呼都而尸道、伊屠智牙师为左右贤王,其余成年诸弟则按长幼分别擢为左右谷蠡王与左右大将等,王昭君之子伊屠智牙师遂成为第二顺位单于之人选。

王莽是儒家学派的巨子,以一个学者的身份建立了一个庞大的帝国。正如柏杨在《中国人史纲》中写道:"王莽则有他的政治抱负,他要获得更大权力,使儒家学说在政治上得以实践,缔造一个理想的快乐世界。"

就这样,王莽又把西汉朝廷颁发给匈奴单于的金印"匈奴单于玺"改为"新匈奴单于章"。皇帝的印称"玺",而"章"只是普通人的印。乌珠留若鞮单于气冲牛斗,遂与新王朝断绝关系。

王莽不能容纳与他意见相异的建议,而固执地坚持自以为高人一等的见解。所以他对句町国和匈奴汗国的反抗,采取迎头痛击的政策。

随后,汉匈开战,两败俱伤,王莽旋即封王昭君之侄王歙、王飒为和亲侯、归德侯,以期缓和局势。

后来,乌累单于无疾而终,呼都而尸道上位为第六任单于，是为“兄终弟及”之颠覆者与终结者。

伊屠智牙师，右日逐王（后来爵位升为右谷蠡王、右贤王）。呼韩邪一生共娶三女，生七子，除王昭君所生的幼子伊屠智牙师以外，其他六人都当过单于。

北魏

北魏云中辨析(一)

战国的赵武灵王,北破林胡、楼烦,始筑长城,自代郡傍阴山而至高阙,置云中、雁门、代三郡。

及至秦,云中被列为三十六郡之一,汉沿用。古之荒干水、白渠水从东向西,经云中城附近折南而汇入沙陵湖,后注入黄河。

拓跋鲜卑南下,奠基云、代。而丰饶与形胜的云中之川,则成了它必然发迹的摇篮。曾三世"参决国事"的代人燕凤在舌战苻坚时,口若悬河地说:"云中川自东山到西河,跨越二百里,北山至南山,相距百里,土质肥沃,水草丰美。每岁孟秋,马常大集,略为满川。以此推算,我言难尽了。"

天兴元年(公元398年),迁都平城。后五年,朔方尉迟部别帅率万余家内属,入居云中。

据《绥远通志稿》卷一(中)记载:"北魏尝增修云中城,并于城中起宫室[1],以为常幸之地。又于城东四十里别筑云中宫。"

---

①宫室是云中城内的一座小城,它的位置在云中故城内的西南角,宫室大致呈长方形,南北约185米,东西约145米。

拓跋嗣是道武帝拓跋珪的长子,母亲为刘贵人,登国七年(公元392年)生于云中宫。道武帝得子较晚,听说刘贵人生了个儿子后非常高兴,于是大赦天下。

拓跋嗣在平城(今山西省大同市)当上皇帝后,曾多次返回云中巡幸,在这片土地上流连忘返。

《魏书》记载:泰常二年(公元417年),帝车驾西巡至云中,渡过黄河在沙漠中射猎。第三年,又由平城西巡至云中,越过白道(今呼和浩特市北)北猎野马于辱孤山。后又返至黄河渡口君子津(今呼和浩特市托克托县河口村南),过黄河狩猎于薛林山(今鄂尔多斯市准格尔旗的黄河西岸,即河套东北部)。

明元帝拓跋嗣连续三年巡幸云中,或大宴群臣,或狩猎山林,其间多数时间住在云中城内的宫室中。

拓跋嗣的儿子太武帝拓跋焘也曾巡幸云中旧宫,西至五原,猎于阴山,东至和兜山(阴山东端)。

兴安元年(公元452年),太武帝拓跋焘的长孙拓跋濬即位,为北魏文成帝。拓跋濬少时聪明敏达,深受祖父太武帝拓跋焘的喜爱,常跟随在太武帝左右,被称为"世嫡皇孙"。兴安二年(公元453年),文成帝拓跋濬下令建造云冈石窟。

太安四年(公元458年),文成帝拓跋濬巡阴山。北巡期间,以方降冰雪,议还驾。尉眷劝阻说:"今动大众以威北狄,去都不远便旋驾,虏必疑我有内难。虽方寒雪,兵人劳苦,以经略大体,宜便前进。"(《魏书·尉古真传》卷26)于是逆雪而不辍行。这里所谓"大体",就是关系北魏拓跋氏命运的,百般抵制柔然的镇戍防务;所谓"经略",就是如何实现既定的战略目标。

次年,文成帝拓跋濬再至阴山、云中。

太安五年(公元459年),二十岁的文成帝拓跋濬下诏:“六镇、云中,偏遇旱灾,年谷不收,开仓赈之。”

和平六年(465年),拓跋濬病逝,时年二十六岁,谥号文成皇帝,庙号高宗,葬于金陵。

金陵遗址是规模宏大的北魏帝王陵寝,位于呼和浩特市托克托县古城镇,总面积51870平方米。站在古云中城北墙残垣的最高处,向西北方向瞭望,坦荡无垠的原野上兀立着难以计数的大大小小不同的封土堆。从葬于金陵的第一人到最后一人,其间相隔达128年。

北魏云中辨析(二)

在历史资料中,提到“云中”的地方很多,主要有:云中城、云中郡、云中宫、云中都护府、云中镇(军镇)、云中金陵。

史书中往往将云中的城、郡、宫、府、军镇等简称为云中,不但令人费解,而且容易混淆。现就北魏时期涉及呼和浩特市托克托县境的云中作一辨析,且让笔者慢慢道来。

北魏迁都平城后,将故都盛乐设为朔州,并与云中郡同治。今托克托县境属朔州管辖。朔州的大致范围北至大青山以南;东至今卓资县西,往南经参合陉(今乌兰察布市凉城县永兴镇石匣沟)到今长城一线以西;南至今山西省河曲县南、偏关县及偏关河一线以北;西至今包头西往东南到准格尔旗纳林河(入陕西叫黄甫川)一线以东,其状近似斗形,黄河中贯其腹地。

据陶克涛著《毡乡春秋》记载,朔州,治所在汉定襄郡的盛乐县(今呼和浩特市和林格尔县境),后于北魏末年改为云州,领五个郡:1. 盛乐郡,领辖县二:归顺(石卢城)、还安。2. 云中郡,治所在秦云中故城,领辖县二:延民、云阳。3.建安郡,领辖县二:永定、永乐。4.真兴郡,领辖县三:真兴、建义、南恩。5.广牧郡,领辖县三:广牧(今鄂尔多斯市杭锦旗境)、富昌(今鄂尔多斯市准格尔旗)、黑城。

这里需要说明四点:

1.北魏孝明帝元诩的孝昌(公元525—528年)年间,发生了孝昌之乱,之后改镇为州,而六镇中的怀朔改为朔州,占用了原朔州之名。

2.原朔州易名为云州,云中郡改为盛乐郡,而将盛乐、秦汉云中之间的云中宫设在云中郡治,云中郡下辖延民、云阳二县。

3.此后,北魏又分裂为东魏和西魏,今托克托县境属东魏。属东魏何县不得而知。

4.云中盛乐乃后汉所置,又名石卢城。与定襄盛乐城不同。

另,北魏建国后,云中故城虽无行政建制,但仍有云中镇将驻守云中故城一带。《托克托县志》(1984年6月版)中记载的云中镇将(大将、兵户)有:安源、司马楚之、朱修之、李大千(来大千)、陆宣、任桃、司马金龙、司马跃、阎善、周观、高聪。

在云中镇将中,以来大千最为有名。《魏书》卷三十《来大千传》记载:"从讨蠕蠕,战功居多。迁征北大将军,赐爵卢陵公,镇云中,兼统白道军事。贼北叛,大千前后追击,莫不平殄。延和初,车驾北伐,大千为前锋,大破虏军。世祖以其壮勇,数有战功,兼悉北境险要,诏大千巡抚六镇,以防寇虏。"

来大千,个性骁果,擅长骑射。永兴初年,拜侍御中散,袭爵五原侯,迁内三郎、内幢将,负责宫中禁卫。太武帝即位后,拜散骑常侍,征伐四方,屡立战功,赐爵庐陵郡公,累迁平北将军、云中镇将、都统白道军事,巡抚六镇。

这里的六镇指沃野镇、怀朔镇、武川镇、抚冥镇、柔玄镇、怀荒镇。

1. 沃野镇:北魏六镇中最西的一镇,曾几经迁徙,后期东移至今巴彦淖尔市乌拉特前旗苏独仑乡根子场古城。

2. 怀朔镇:故址在今固阳县白灵淖乡城库伦村古城。

3. 武川镇:《中国历史地图集》标定在呼和浩特市武川县大青山乡土城梁古城。

4. 抚冥镇:一说是乌兰察布市四子王旗乌兰花镇东南土城子古城,一说是库伦图乡城卜子古城。

5. 柔玄镇:《中国历史地图集》标定在乌兰察布市兴和县石湾子乡桥树营一带。

6. 怀荒镇:《中国历史地图集》标定在河北省张北县城。

云中镇将除管辖云中地区的军事防务之外,上述六镇中的西三镇(沃野镇、怀朔镇、武川镇)与东三镇(抚冥镇、柔玄镇、怀荒镇)之间的漠南地区,也属云中镇将管辖。

最后,谈谈云中金陵。

云中金陵,背大青山,面黄河之水,居云中古城。《山西志辑要》记载:"北魏金陵在盛乐城西北。"需要说明的是,云中金陵位于云中故城西北和盛乐城西北并不矛盾,大致方向是一致的。

北魏后期,破六韩拔陵发难,拥兵东向,直取沃野镇。城陷,杀镇将,改元真王。然后分兵至五原与武川镇。

公元524年3月,北魏肃宗(时年15岁)诏临淮王元彧为镇军将军,都督北征诸军事以抗拔陵,驻于朔州(今呼和浩特市和林格尔县北)。

白道在今内蒙古呼和浩特北,有坡称白道岭,有城名白道城。地势冲要,为从朔州至武川的必经之地。北魏的安北将军李叔仁挥师至此,受到此地义军的阻击,伏殁。至此,元彧的“北征”全面告败。消息传到京城,朝廷蹙额。于是,皇帝召集群臣而诏说:“朕比以镇人构逆,登遣都督临淮王克时除翦。军届五原,前锋失利,二将殒命,兵士挫衄。又武川乖防,复陷凶手。恐贼势侵淫,寇连恒朔。金陵在彼,夙夜忧惶。诸人宜陈良策,以副朕怀。”群臣默然。

上面皇帝诏说的今译是:“我先前因为镇人发动暴乱,即刻派都督临淮王限时平叛。官军进至五原,先头部队失利,损失二将,战士士气受挫。再加上武川防守不利,再次落入敌寇之手。恐怕贼兵不断扩张渗透,侵犯恒朔[①]。金陵就在那边,我日夜忧虑惊慌。各位应贡献良策,以慰我怀。”

元彧等殒命,金陵还得设法保卫,以免祖坟被“逆命”者捣毁。办法只有一个——出兵。于是北魏统治者又任骠骑大将军李崇为北讨大都督,抚军将军崔暹、广阳王元深并受节制。李崇坐镇朔州,分兵东攻武川,西进五原。

①恒:指恒州,今山西省大同地;朔:指朔州,今内蒙古自治区呼和浩特地。

唐代

唐代的云中

讲到唐代的云中,因设置的时间和地点的不同,可谓是众说纷纭。今天,笔者就内蒙古土默川上的云中按时间顺序梳理一下,供读者参考。

笔者先从隋代的云中谈起,隋开皇三年(公元583年),在汉代阳寿县(今呼和浩特市托克托县境)旧址设置阳寿县,777户,3885人;在原汉代沙南县旧址设置榆关(今鄂尔多斯市准格尔旗十二连城东南)总管。开皇五年(公元585年),榆关总管改为云州总管。开皇十九年(公元599年),隋文帝令长孙晟领五万人在朔州筑大利城(今呼和浩特市和林格尔县土城子),用以安置东突厥启民可汗的部众。后来,云州移往大利城后,启民可汗及其部众又移居云中故城,即今托克托县古城镇古城村西故城。因避杨忠讳,将云中改为云内,置万寿戍。万寿戍系屯兵之所,有六千至九千人。

唐高祖武德五年(公元622年),东突厥颉利(启民第三子)率十五万骑兵入雁门,寇掠并州,唐高祖命太子出兵豳州道、秦王李世民出兵秦州道抵御。云州总管李子和(原名郭子和,高祖赐子和姓李)赶往云中,掩击突厥可汗。

唐太宗贞观四年(公元630年)春,正月,李靖率骁骑三千,自马邑进驻恶阳岭(今山西省大同市西北),趁夜袭击定襄(今呼和浩特市和林格尔县土城子),而李勣(本姓徐,名世勣,赐姓李,避李世民讳,去"世"字)又从云中出兵,在白道大败东突厥。东突厥既平,置河滨县(今准格尔旗十二连城东南),以县置云州,紧接着又改为威州,贞观八年(公元634年)归入胜州。天宝元年(公元742年)恢复榆林郡,乾元元年(公元758年)又改为胜州,领榆林、河滨二县。

平东突厥后,分颉利原辖地为六州,左置定襄都督府(侨治宁朔,今陕西省定边县东),右置云中都督府(侨治朔方夏州白城子)。

贞观二十一年(公元647年),唐大军自漠北退回,同时将燕然都护府迁至漠南古单于台(今呼和浩特市西),以李素立为都护,统辖漠北六府七州。六府指瀚海府、金微府、燕然府、幽陵府、龟林府、卢山府;七州指皋兰州、高阙州、鸡鹿州、鸡田州、榆溪州、蹄林州、置颜州。另置单于都护府(今呼和浩特市东南)管辖漠南突厥。

贞观二十三年(公元649年)冬,以突厥诸部设舍利、思辟、阿史那、绰、白登五州,隶属云中都督府。

永徽元年(公元650年),又设置了单于、瀚海二都护府。单于府统领狼山、云中、桑干三都督。

龙朔三年(公元663年),漠北平定后,唐将燕然都护府自漠南故单于台迁至漠北鄂尔浑河畔回纥部居地,更名为瀚海都护府。将原来的瀚海都护府迁移至云中故城,改名为云中都护府。以碛为界,碛北州府隶属瀚海,碛南隶属云中。云中都护府治秦汉云中故城。

李靖破突厥时,迁移三百帐到云中故城,以阿史德氏为长。在《回纥史》(杨圣敏著)中记载着这样一段话:“贞观十四年(公元640年)以后,唐太宗又命阿史那思摩率居于塞内的十万人北迁与薛延陀争夺漠南。薛延陀发兵二十万南下击突厥。从此以后,双方在漠南攻战不息。贞观二十年(公元646年),回纥酋长吐迷度乘虚率仆固、同罗部攻击薛延陀多弥可汗牙帐,多弥可汗急调属部赴援,正当双方激战时,唐朝大军从长城沿线的凉州、代州、营州‘分道并出,以击薛延陀’,薛延陀‘众大扰,诸部遂溃’。多弥可汗以千余骑南逃,投奔居于漠南云中地方的突厥阿史德时健部。吐迷度率军穷追至云中,击败阿史德时健部,将多弥可汗及其宗族全部杀死。回纥诸部遂全部控制了于都斤山西北的漠北草原腹地。”

麟德元年(公元664年)正月,阿史德氏入朝,请求按照胡人的制度立亲王为可汗来统辖。高宗召见他说:“今之可汗,就是古代的单于。”因此,改云中都护府为单于大都护府,以高宗子殷王旭轮为单于大都护,遥领之。殷王旭轮就是后来的唐睿宗李旦,睿宗初名李旭轮,是唐高宗李治的第八子,武则天幼子,唐中宗李显同母弟,他的儿子是唐玄宗李隆基。

总章二年(公元669年),漠北“薛延陀部落余众扰乱”,唐发漠南突厥进袭漠北,“大破之”。同年,改瀚海都护府为安北都护府。

仪凤四年(公元679年),单于都护府(治今托克托县古城镇古城村西故城)管内突厥大酋长阿史德温博、奉职二部同时叛乱,私立阿史那泥熟匐为可汗。漠南突厥诸州酋长皆响应。

唐军行到单于府(今托克托县古城镇古城村西故城)北边,晚上在壕堑里扎营。裴行俭看到后,马上下令移到高冈上。而将士们都认为人多又刚刚安顿好,不能再劳累战士们了,不愿移营。裴行俭不听,让他们赶快行动。夜里,暴风骤雨,先前安营之处水深丈余,将士们这才恍然大悟。

圣历元年(公元698年),突厥默啜可汗表请则天帝:有女欲嫁皇子以和亲,并索要六胡州降户和单于都护府地(此时仍在托克托县境),兼要种子、农具。在众臣的劝谏下,则天帝把六胡州降户数千帐全部归还突厥,并赐种子四万斤,杂彩五万匹,农器三千件,铁器万斤,许其婚。但单于都护府地始终未予。

唐玄宗开元二年(公元714年),单于都护府迁往定襄故城,即今和林格尔西北土城子。后两年,金河县也移到单于都护府城内,今托克托县境无县级以上建置了。

白居易的《阴山道》与唐代受降城

今天,我们先讲受降城,然后讲唐代受降城与阴山道的联系。

唐代诗人李益有一首大家耳熟能详的诗叫《夜上受降城闻笛》:“回乐烽前沙似雪,受降城外月如霜。不知何处吹芦管,一夜征人尽望乡。”

受降城:唐时亦称河外三城,唐初名将张仁愿为了防御突厥,在黄河以北筑受降城,分东、中、西三城,都在今内蒙古自治区境内。

建成的三座受降城分别是:西受降城(今巴彦淖尔市乌拉特后旗东南乌加河北岸),南对灵武;中受降城(今包头市西),正对朔方(今鄂尔多斯市乌审旗南白城子);东受降城(今呼和浩特市托克托县西南),南对榆林。

公元708年,张仁愿筑东受降城并置振武军,治所设于此;公元745年,王忠嗣迁振武军治所至单于都护府城,东受降城仍隶属振武军;公元812年,东受降城被黄河冲毁,李光进主持修复;公元825年,张惟清迁建东受降城至绥远烽南侧;公元916年,辽朝攻陷东受降城,振武军体系终结。

东受降城三面环水(西濒振武河,南临黄河,北依沙陵湖),地势险要,是唐朝在河套北岸的军事要塞。张仁愿在此驻兵7000人、战马1700匹,并组织屯田以保障军需。

唐贞元四年(公元788年)“奚、室韦寇振武,执(唐)宣慰中使二人,大掠人畜而去”(《资治通鉴》卷二三三)。

唐代著名诗人白居易在《阴山道》一诗中写道:“阴山 道,阴山道,纥逻敦肥水泉好。”阴山,是中国北部东西向山脉和重要地理分界线,位于今内蒙古自治区中部及河北省最北部,从西向东有狼山、乌拉山、大青山等。唐代另一位诗人王昌龄在《出塞》诗中也写道:“但使龙城飞将在,不教胡马度阴山。”

白居易诗中的“阴山道”,是指从回纥牙帐到唐都城长安的“参天可汗道”。阴山道有多条,其中与受降城相通的主干道被命名为“参天可汗道”,这条驿道上多有故事发生。

回纥牙帐至唐长安的参天可汗道,是贞观二十一年(公元647年)唐燕然都护府置于漠北后,铁勒诸部“请于回纥以南,突厥以北,置邮驿总六十八所,以通北荒,号参天可汗道”(《唐会要》卷七十三)。

据《新唐书·回纥传》记载,贞观二十一年(公元647年),唐曾应铁勒诸部之请,在参天可汗道南端的“鹛鹈泉之阳置过邮六十八所,具群马、湩、肉待使客”。在鹛鹈泉之北的参天可汗道上,也有由回纥人建立的驿站与唐驿站相连。

回纥渡河的工具叫作筏,在回纥人西迁后不久,宋使王延德在漠南受降城附近的黄河边见到了当地游牧人的筏。“以羊皮为囊,吹气实之浮于水,或以橐驼牵木筏而渡。”(《宋史·高昌传》),估计回纥人也是乘这种木筏或皮筏过黄河的。

1.东受降城

以鄂尔浑河畔的回纥牙帐为中心向南,沿参天可汗道,经鹈鹕泉越阴山,到达唐朝边镇东受降城,经振武、太原、蒲关到达长安;若从唐朝都城长安出发,沿参天可汗道,经阴山之大青山古白道或经今呼和浩特市土默特左旗水磨沟、武川县庙沟、西乌兰不浪北上,而后到达鄂尔浑河畔的回纥牙帐。在这条道上,中外商旅、使团来往频繁,武川县发现的东罗马金币,极有可能是当年携带它的人遗失的。

2.中受降城

自回纥牙帐沿参天可汗道南行一千五百里,经回纥汗国的公主城、眉间城和怛罗斯山、赤崖、盐泊、浑义河(今翁金河)、炉门山、木烛岭等地,可渡过沙漠和戈壁而到达漠南边缘——碛口。碛口南十里即鹈鹕泉,从这里东南行五百里,经呼延谷越阴山,呼延谷东南八十里即唐之中受降城。自此城南行一千八百六十里至长安。(杨圣敏著《回纥史》)

3.西受降城

自碛口南行三百里至西受降城,自西受降城南行一千八百八十里到长安。还有一路是从鹈鹕泉越阴山后,向西南沿贺兰山东麓行,经唐灵州入塞南下至长安。还可以走汉代的鸡鹿塞(今巴彦淖尔市磴口县)东渡黄河,经鄂尔多斯地区至长安。(唐李吉甫《元和郡县图志》卷四《天德军》)

需要说明的是,参天可汗道上的公主城和眉间城是回纥汗国修建的,这条道与后来元代的木邻栈道完全吻合。除鹛鹈泉北面的公主城和眉间城之外,在合罗川(额济纳河)下游又有公主城,在克鲁伦河畔又有可敦城。(《中国大百科全书》考古卷,1986年版第606页)在回纥汗国,回纥的公主是另有封地的,在这些封地建立起来的城叫“公主城”。

白居易在《阴山道》一诗中还写道:“咸安公主号可敦 ,远为可汗频奏论。”唐朝嫁入回纥的公主不止咸安公主一人,在唐朝嫁入回纥的四个公主中有三个是皇帝亲女。

唐肃宗把宁国公主嫁给回纥的葛勒可汗时,随嫁的还有媵——小宁国公主。

唐贞元四年(公元788年),唐德宗册封亲女为咸安公主出嫁回纥,双方关系迅速修复。此前,唐朝汉中王李瑀送宁国公主至回纥牙帐时,可汗的态度相当傲慢。

还有,贞元四年(公元788年),回纥派往唐朝去迎接咸安公主的使者,在漠南被奚和室韦偷袭所杀。(《资治通鉴》卷二三三)

长庆元年(公元821年),唐穆宗将太和公主嫁给回纥崇德可汗。回纥七百六十人将驼、马及车,依次至黄栌泉迎候。(太和)公主(《册府元龟》卷九七九)载人的牛车上还搭有毡帐,称为“毡车”。

会昌三年(公元843年)自回纥归唐的太和公主及其侍从乘毡车数十乘。(《资治通鉴》卷二四七)

唐与回纥交往频繁,双方的绢马贸易等经济活动,对百姓的日常生活均有影响。在服装方面,回纥的服装襟袖窄小,特别能衬托出年轻妇女身材的曲线美,成为长安妇女喜爱的流行款式,宫中的妇女更是争相效仿。唐代花蕊夫人的《宫词》里描写道:“明朝腊日官家出,随驾先须点内人。回鹘衣装回鹘马,就中偏称小腰身。”

附:

阴山道

〔唐〕白居易

阴山道,阴山道,纥逻敦肥水泉好。
每至戎人送马时,道旁千里无纤草。
草尽泉枯马病羸,飞龙但印骨与皮。
五十匹缣易一匹,缣去马来无了日。
养无所用去非宜,每岁死伤十六七。
缣丝不足女工苦,疏织短截充匹数。
藕丝蛛网三丈馀,回纥诉称无用处。
咸安公主号可敦,远为可汗频奏论。
元和二年下新敕,内出金帛酬马直。
仍诏江淮马价缣,从此不令疏短织。
合罗将军呼万岁,捧授金银与缣彩。
谁知黠虏启贪心,明年马多来一倍。
缣渐好,马渐多。
阴山虏,奈尔何。

宋代

河曲之战与托克托

托克托县古镇河口是黄河上游与中游的分界点，这里位于黄河“几”字湾的右上角。从地理角度考察，这个黄河“几”字湾也可称作“河曲”。

宋、辽、西夏时期，在这个黄河上游与中游分界点的附近地区曾发生过一次辽与西夏的大战，史称“河曲之战”。

宋代(公元960—公元1127年)，今鄂尔多斯、巴彦淖尔、阿拉善盟及陕北、甘、宁为西夏国所有。当西夏皇帝李元昊强盛时期，于大庆元年(1036年)，“置十二监军司，委豪右分统其众。自河北至午腊蒻山七万人，以备契丹。”(见《宋史·夏国上》)午腊蒻山，就是乌拉山，这是西夏人的叫法。

如果从唐末拓跋思恭拥有夏州算起，西夏立国346年。与之相比，宋朝(南北宋)为320年，辽朝为210年，金朝为120年。

“西夏”是宋朝对它的称呼，李元昊自称为“大夏”，与十六国时赫连勃勃的“大夏”同名。元昊皇族出自拓跋氏鲜卑，与北魏同源。

公元1044年,辽重熙十三年,西夏天授礼法延祚七年,十月,辽兴宗征调人马,准备亲自出征,攻打西夏。辽为何要攻打西夏呢?

先讲起因:辽代,散居于夹山(今呼和浩特市北)的党项人部落岱尔族八百户叛归西夏,同时逃走的还有山西部族节度使屈烈及所统领的五部人众。当时,辽兴宗曾遣使者责令西夏主李元昊送还叛逃人员,但遭到李元昊的拒绝。

据《辽史》记载,重熙十三年(公元1044年)五月,辽西南面招讨都监罗汉奴发兵讨伐叛逃的党项部落,不利,西南面招讨使萧普达、四捷军详稳张佛奴战死。此时,李元昊亲率大军东向援助辽之叛党。

辽兴宗听到这个消息后大怒,再加上元昊与辽和亲的兴平公主不睦,致其忧郁而终,而且拖延很久才报告辽国,兴宗认为这是对大辽的轻视,于是立即下令征调全国兵丁,会师西南。

重熙十三年(公元1044年)六月,兴宗驻跸永安山。九月,宋朝为辽朝攻西夏送去贶礼。辽十万大军,汇聚于九十九泉(今乌兰察布市卓资县北辉腾梁一带,见《中国历史地图集》第六册)。辽兴宗以皇太弟耶律重元、北院枢密使韩国王萧惠率先锋西征,又命东京留守赵王萧孝友领兵跟进。

十月,李元昊见辽大军到来,感到自己不能与之抗衡,于是使出缓兵之计,派人上表谢罪,进献土特产,还亲自将叛逃的三部党项人送到河曲。

在这里,河曲不是地名,大约指今内蒙古托克托县至土默特右旗一带黄河“几”字湾附近。

在河曲的地面上,辽兴宗派北院枢密使萧革迎接李元昊。见面后,兴宗谴责他收留叛逃部落,背弃了两国盟约,元昊承认所犯罪过,兴宗赐酒,许他改过自新,遣送回国。

事后,辽兴宗想见好就收,但其臣下北院枢密使韩国王萧惠等人劝兴宗一鼓作气,扫平元昊,以免日后再生祸患。萧惠说:“元昊忘记了辽累世的恩典,诱逃叛部,皇帝亲征,还不把叛逃的部落全数送回,等到大军压境,才亲自前来赎罪。现在大军聚集河曲,不趁这个时候讨伐他,是违背天意,将来一定会后悔的!”兴宗思来想去,决定继续进军。于是,今内蒙古呼和浩特、包头地区成为两国交战的前线。

大军分三路渡黄河,兴宗自将骑兵出金肃城(今鄂尔多斯东胜东、准格尔旗北,见《中国历史地图集》第六册)为中路,皇太弟重元出南路,萧惠将兵六万出北路。兴宗军入夏境四百里,不见敌人,于是屯兵据守得胜寺南壁。萧惠军到贺兰山北部,元昊军已有准备。凌晨,列兵马于河西,蔽盾以立。萧惠出兵进击,元昊接战数次均败。元昊每退兵一次,即请求媾和一次,都遭到萧惠的拒绝。夏军退兵三次,约百里,所退之地,坚壁清野,烧掉一路上所有的粮草和居所。

此时,辽军的马匹没有草吃,瘦弱生病的很多。萧惠迫于情势,允许媾和,可夏军又拖延不定。辽军虽师劳兵疲,但仍积极进攻,先锋和左翼包围了夏军。元昊领着千余夏军,突围而出。辽军正待追击,忽然天起大风,吹向辽军。萧孝友军阵脚大乱,夏军趁乱进攻。辽军溃散,驸马萧胡覩被俘。先锋古迭遭到夏军伏兵的进攻,士兵皆战死,古迭单骑突围而走。辽军北路覆灭后,夏军回师攻兴宗军于南壁,兴宗军亦大败。兴宗只带了少数几个随从逃生,差一点当了俘虏。

而《宋史》所记“兴宗从数骑走,元昊纵其去”说明一点:李元昊是有意放走了辽兴宗耶律宗真。

李元昊用诱敌深入之计,在河曲大败辽军。辽驸马萧胡覩等近臣数十人被擒,辽兴宗逃回云州,辽兴宗也正是在这一年升云州为西京大同府,辽五京至此完备。据《辽史·伶官传》记载,兴宗大败而归后,害怕宋朝人耻笑,还在幽州等地大贴告示,夸耀大败西夏。

“河曲之战”在各种史书上的记载矛盾,《辽史》更是含糊其辞。

金代

金代完颜弼与托克托

我们今天讲的完颜弼不是完颜宗弼,完颜宗弼是金朝初期名将,金太祖完颜阿骨打的第四子,而完颜弼,原名达吉不,是盖州猛安人。他先是充当护卫,又转为十人长。跟随丞相襄戍守边疆时,功劳最大,受任同知德州防御使事,又转任宿直将军、深州刺史。

完颜弼平生无所嗜好,只喜爱读书,闲暇时间邀请儒士,常常歌咏诗文、投壶游戏。他治理东平时,爱护百姓,节省费用,城邑之中军民没有相互告状的,他很有良将风范。

有一年,完颜弼回奏皇上问话时,没有遵守君臣礼法,被罚杖刑一百,贬为云内州(州治今呼和浩特市托克托县古城镇白塔村)防御使。

金宣宗贞祐元年(公元1213年),皇上派驿使把完颜弼召往中都(今北京市),此时云内州已经遭受敌军进攻。完颜弼擅长在马上使用长矛,于是,他与数名骑兵突出城去,从太原跑到泽、潞,又从清、沧赶奔宫阙。此时,恰逢有诏书授任他为定武军节度使,不久又任元帅左都监,于是驻守真定(今河北正定县)。

完颜弼根据当时的形势,向皇上禀奏道:“村寨城邑中,军队撤退之后,有心力且勇敢之人,乞请招用他们。”并说:“河朔各个郡县,都因为受法令限制而不去相互救应,所以残坏破败。乞请陛下令各州府,凡是有告急征兵的情况,必须赶去援救,违者治罪。”

并劝说宣宗迁都到南京(今河南省开封市),倚仗漫长的淮水阻兵,宽阔的黄河拒敌,扼制潼关,从而巩固自身地位。

金宣宗最后决定迁都南京。当皇上他们走到真定时,完颜弼兼任河北西路兵马都总管。完颜弼禀奏道:“皇太子不能留在中都,军队少则难守,军队多则难养……将帅由于执管军务而逞威,如今生杀之权都因之颠倒败坏。”再奏道:“瑞州军队非常狡诈,左丞尽忠生性多疑,乞请陛下另派将帅。”宣宗采纳了他的建议。

金宣宗贞祐三年(公元1215年),完颜弼改任知东平府事、山东西路宣抚副使。这时,刘二祖的党羽孙邦佐、张汝楫护守济南,完颜弼派人招降他们,孙邦佐回信,信上说:“我们这些人自从起兵屡立战功,主将显出妒忌,阴谋陷害我们,我们躲在山林直到今天,其实是怕死而已。假如承蒙洗清罪过,便会放弃险境,当面受绑,其余没有投降的人,我们保证全部招来。”

于是,完颜弼上奏道:“如今事故太多,如果平定,也是了结一件事。乞请陛下把官职赏予他们。”宣宗诏令说:“孙邦佐如果受招,给他们各升五级官职。”于是,孙邦佐、张汝楫都投降了。孙邦佐被遥授潍州刺史,张汝楫被遥授淄州刺史,并都加封为明威将军。

不久,完颜弼向皇上举荐孙邦佐、张汝楫道:他们已改正罪过,奉守职命,招降者众多,并收缴了降者的兵器,放他们回归田里。于是,宣宗诏令遥授孙邦佐同知益都府事,遥授张汝楫同知东平府事,并加封怀远大将军。

后来,完颜弼又上书说:"山东、河北、河东几个镇仅能自守,恐怕长河之险峻不足以倚仗。河南曾征招战士,大都是闲散市民,不习惯训练。如果选拔几千驱丁监户,另成一军,立功者全户成为良民,兵士必将争先效力去赢得胜利。武卫军家属因战乱受苦,心怀怨愤,如果挑出上千骁悍兵士,给予封赏,可使得他们拼死效力。"他又说:"老迈病弱的官吏,按条例准许辞官,居住河北的人近似于避难,居住河南的人苟且受禄却不尽职,公务荒废。乞请陛下核实情况,对精力可以使用者仍然照旧,对年纪高而昏聩不做事者罢除职务。"

宣宗下诏令尚书省商议,最后只对老迈病弱官吏的处理听从了完颜弼的建议。

大元的军队围攻东平,完颜弼千方百计应对作战,很久以后才解围退敌。宣宗下诏书,传令奖励将士,赏赐各有不同。

这年五月,完颜弼头部生了痈疽。皇上诏令太医前去诊治,又赐予御用药物。不久,完颜弼去世。

元代

元代玉壶春瓶与托克托

2024年4月8日,笔者参观了托县博物馆。馆藏中的一件元代玉壶春瓶瓷器引起了笔者的关注。

按照故宫博物院的解释,玉壶春瓶,以“玉壶先春”得名,指造型为撇口、细颈、硕腹、圈足的瓶式。玉壶春瓶以随时代变化而不同的弧线构成柔和匀称的瓶体,时代特征明显。宋代已经出现。宋代定窑、龙泉窑、景德镇窑、汝窑、耀州窑、钧窑都有烧制。玉壶春瓶亦有带盖者。与早期相比,明清景德镇窑制品胎薄体轻,釉色莹润,有青花、釉里红、五彩、斗彩、粉彩、素三彩等诸多品种,非常精美。宋至元代玉壶春瓶用作酒器,明、清时渐变为陈设瓷。

玉壶春瓶由诗句“玉壶先春”得名,是中国瓷器造型中的一种典型器型,是装酒的实用器,而元代的玉壶春瓶是特有且比较少见的典型器物。

唐代诗人司空图在其创作的一部古代诗歌美学和诗歌理论专著《二十四诗品》(又名《诗品二十四则》)的《典雅》中写道:

玉壶买春,赏雨茆屋。
坐中佳士,左右修竹。
白云初晴,幽鸟相逐。
眠琴绿阴,上有飞瀑。
落花无言,人淡如菊。
书之岁华,其曰可读。

玉壶指华贵的酒器,唐代诗人岑参在《玉门关盖将军歌》一诗中写道:“灯前侍婢泻玉壶,金铛乱点野酡酥。”买春,即买酒。唐代的酒,名称很多都带一个“春”字,甚至以“春”字代酒,如烧春、大春、老春。

此后,笔者查阅了与元代玉壶春瓶相关的历史资料,又找到了部分与托克托有关的玉壶春瓶的记载,现列举如下。

1.《云中典藏·托克托博物馆馆藏文物精华》:“玉壶春瓶:元,高26厘米、口径7.6厘米、腹径15.5厘米、足径7.8厘米,托克托东胜州故城出土。口呈喇叭状,圆唇,细长颈,溜肩,鼓腹,矮圈足。施白釉不到底,圈足无釉。从颈部到腹部用褐彩绘四道双弦纹,弦纹间绘铁锈草叶纹。”

2.《托克托文物志》:“黑釉玉壶春瓶,1954年于托克托县今五申镇伞盖村元代墓葬出土。高33.5厘米,口径9.5厘米,底径4.8厘米。口呈喇叭状,圆唇,细长颈,溜肩,鼓腹,矮圈足。釉质柔润光洁,造型美观典雅,属元代磁州系产品。现存于内蒙古博物院。”

3.《托克托文化·民间收藏》:“元,红绿彩龙纹玉壶春瓶,高27厘米,口径15厘米。”

4.《托克托县古代村落遗址》:“元,玉壶春瓶:口径7.7厘米，足径7.6厘米，腹径16厘米，高27厘米，20世纪70年代于东胜州故城出土。”

为什么托克托会出土这么多元代特有的且存世量较少的典型器物玉壶春瓶呢？

其实，在内蒙古的部分地区也陆续有元代玉壶春瓶出土。《内蒙古历史与文化》(林幹等著，第451页，内蒙古人民出版社)一书记载：“1977年在哲里木盟库伦旗奈林稿白庙子乡发现一窖藏元朝瓷器，其中有一件青花玉壶春瓶很精致，纹饰为卷草和缠枝花卉，花丛中有凤凰比翼双飞，青花色调较明快，与北京首都博物馆所藏青花玉壶春瓶的造型、纹饰、釉色基本相似，所以白庙子村发现的青花玉壶春瓶可能是景德镇的产品。”

阿拉善盟额济纳旗的亦集乃路故城内也曾出土青花玉壶春瓶残片。

从内蒙古地区出土的元代瓷器来看，有定瓷、钧瓷、影青、龙泉窑青瓷等，还有仿定瓷、仿磁州窑、仿钧窑的瓷器，而玉壶春瓶和香炉是元代所特有的典型器物。

在元朝，今天的内蒙古地区大部分属中书省管辖，称为“腹里”。专门设有帖里干、木邻、纳怜三条驿道，来沟通东西和南北。据《元史·地理志》载：“北方立站：帖里干、木怜、纳怜等一百一十九站。”

元朝时期沟通南北的木怜道，是在前代交通路线基础上设置的。西汉时期，这里是大青山南部云中(郡治今托克托县古城镇古城村)、定襄两郡至阴山之北的必经之路。

又因元朝在内蒙古地区设置的路、府、州、县比较多，故内蒙古境内有较多的元代古城,这些古城出土了不少元代的器物。

今天的托克托县在元朝时期是重要的水陆交通要塞,时称“牛站”,是木怜、纳怜两道的连接点。牛站在我国历史上,无论是在政治与经济方面,还是在军事与民用方面都起过重要作用。

今天的托克托县在当时叫“东胜州”,东胜州可连接纳怜道,溯黄河而西,穿过甘肃行省达西北边境。当时,延安路所出的粮食,用船只经由黄河运至东胜州,“权且收贮”,再“转馕运入京”。经行路线是陕西行省延安路—东胜州(今托克托县大荒城)—丰州(今呼和浩特市东郊白塔村古城)。

由此可知,托克托出土元代典型器物玉壶春瓶不足为奇。

最后,我们以唐代诗人王昌龄的《芙蓉楼送辛渐》一诗来结束此文。

寒雨连江夜入吴,平明送客楚山孤。

洛阳亲友如相问,一片冰心在玉壶。

耶律楚材与托克托

耶律楚材曾多次到过土默川上的云内州(州治今内蒙古托克托县古城镇白塔村),并留下许多诗篇。

我们先了解云内州:在金代,云内州管辖柔服、云川[①]二县,宁仁一镇。州治沿袭了辽代建制,仍在柔服县(今内蒙古托克托县古城镇白塔村)。

公元1219年,耶律楚材随成吉思汗西征,西征军从草原出发,翻越阿尔泰山进入西域;公元1224年,耶律楚材随成吉思汗回师东归;公元1227年冬,耶律楚材由今甘肃河西返抵燕京(今北京)。

耶律楚材随成吉思汗西征五年,再加上东归后逗留在河西的时间,共达八年之久。

耶律楚材在回归后写了《西游录》,此书分为上下两篇。

时间回到公元1218年,即成吉思汗十三年三月,当成吉

①原名曷董馆,后升为裕民县。

思汗下诏征聘时,耶律楚材应诏而起,北上觐见大汗。

他在《西游录》中追忆这段行程时写道:"予始发永安,过居庸,历武川,出云中之右,抵天山之北,涉大碛、逾沙漠。未浃十旬,已达行在。"

这次,耶律楚材从永安(今北京市香山)启程,出居庸关,经过武川(今河北省张家口市宣化区)、云中(今山西省大同市),到达云内州(州治今呼和浩特市托克托县古城镇白塔村)。

耶律楚材在《西游录》中写过一句"抵天山之北",在这里需要说明一下。这里的"天山"是金元时期的称谓,指的是今天的呼和浩特市附近的阴山。另外,在今天的乌兰察布市四子王旗的吉生太镇有个城卜子村,这里有金、元时期设置的净州路古城,当时的净州治天山县。天山县此前为一处榷场,叫作天山榷场,天山县因天山而得名。

再谈《西游录》中讲到的"涉大碛、逾沙漠"。当年,耶律楚材过沙井(今乌兰察布市四子王旗西北红格尔苏木西南古城)时,曾赋诗《丁亥过沙井和移剌子春韵》(二首),诗中自注云:"昨至沙井,乘牛车过前路,跨驼方达行在。偶得隔句联云:牛车驰传,颇异相如驷马车;驼背咏诗,不似竹林七贤画。"(《湛然居士文集》卷二)

耶律楚材到达成吉思汗大本营后,所见到的是:"山川相缪,郁乎苍苍。车帐如云,将士如雨,马牛被野,兵甲赫天,烟火相望,连营万里,千古之盛,未尝有也。"

公元1227年冬,耶律楚材由今甘肃河西返抵燕京。

当耶律楚材路过东胜州(今托克托县附近大荒城)时,写下了《过东胜用先君文献公韵上》(其一和其二)。意思是:路过东胜州时,用我家老爷子(耶律楚材的父亲)文献公的诗韵进诗一首;另外,又写下了《无题·扈从旋师道过东胜秦帅席上继杜受之韵》,意思是:跟随成吉思汗得胜之师凯旋路过东胜州,在驻军司令秦帅的酒宴上步杜受之韵作诗。

过云内州时写下了《除戎堂(二首)》《谢飞卿饭》等诗篇。

耶律楚材在《除戎堂》的序文中这样写道:"王师西征,贤帅贾公留后,于云内筑除戎堂于城之西阿,以练戎事,御侮折冲,高出前古。予道过青冢,公召予宴于是堂。鸿笔大手,题诗洒墨,错落于楹栋之间,皆赞扬公之圣德。予因作二诗以陈其梗概云。"

序文的意思是:官军西征,德高望重的老帅贾司令断后,在云内州城城西高地修建除戎堂,用以演武练兵。抵御外寇,消除冲突,其谋略远超前人。我路过青冢(今呼和浩特市南昭君墓),贾公就在除戎堂设宴召请我。见楹柱门廊之上,有文豪大师挥毫题诗,都是称颂贾公高尚品德的诗。于是我也写了两首小诗讲述其中的梗概。

谢飞卿饭[1]

一鞭羸马渡天山[2],偶到云川[3]暂解鞍。
独守空房方丈稳,更无薄酒一杯残。
诗书半蠹绝来客,釜甑生尘笑冷官。
赖有觉非[4]怜野拙,长须为我馈盘餐。

---

①飞卿:吕飞卿。
②天山:金元时期,阴山称天山,并且设有净州天山县,元代诗人、文学家马祖常即为净州天山县人。
③云川:指今天土默川,金代云内州下辖有云川县。
④觉非:吕飞卿的道号。

刘伯林与托克托

辽代的时候,在土默川平原上设立了一个云内州,州治在柔服县(今内蒙古托克托县古城镇白塔村故城)。因城址附近也有一座白色古塔,位于呼和浩特西南40公里处,与呼和浩特东郊丰州古城白塔形成东西两地相对的形势,所以人们就把它称作西白塔。

金代,云内州管辖柔服、云川(原名曷董馆,后升为裕民县)二县、宁仁一镇。州治沿袭了辽代建制没有改变,仍在柔服县。金代云内州的西部边界已经到达今天的乌梁素海,并且将辽代天德军的地盘也全部管辖在内了,面积比辽时增加许多,西部与夏国为邻,其余相邻之地与辽代时基本一致,辖境包括了今天内蒙古的包头市区、固阳县、达尔罕茂明安联合旗南部、土右旗及呼和浩特市土左旗、托克托县一带。

元代时云内州不设县,其行政区划直接隶属于大同路,辖境与金代基本相同。

今天我们要讲的历史人物叫刘伯林,他是云内州人。

据《包头史料荟要》[1]第十辑第136页记载:“云内州人刘伯林,原来在金朝任威宁(今乌兰察布市兴和县境)城防千户,公元1211年冬归降蒙古以后,因善骑射,获得成吉思汗的喜爱,后又屡立战功,官至西京留守兼兵马副元帅。”

刘伯林,善骑射,以扶弱抑强为己任。金末为威宁防城千户。蒙古大军围攻威宁,伯林知不能敌,开城投降。太祖(成吉思汗)问他曾在金朝居何官职,他回答说:“都提控。”都提控是金代独有的官职,属于兵马都总管府中的核心官员,品级为正三品,印文“都提控”即为此职专用印。于是,成吉思汗便授伯林原职,命他挑选士卒为一军,与太傅耶律秃花一同征讨,招降山后诸州。

山后,即阴山以北地区。山后诸州包括净州、桓州、云内州北部、宣德州北部及大同府北部。

刘伯林在威宁的十余年间,务农积谷,与民休息,邻境凋敝而威宁独为乐土。伯林常对众人说:“我听说能活千人者,以后必封官,我所活的人,何止万余,子孙必有做官的。”

成吉思汗北还,留伯林屯守天成。天成即天成堡,明朝时为天成卫,清时与镇虏卫[2]合称天镇县。刘伯林当时在天成阻挡金兵,后因进攻西京(今山西省大同市)有功,被赐金虎符,以本职为西京留守。留守是地方行政体系中重要的军事、行政长官,同时兼兵马副元帅。太祖八年,随蒙古大军征山东,攻克梁门、遂城。太祖十年,同木华黎攻破燕京。太祖十二

①作者李绍钦,引自《元史·卷149·刘伯林传》《续资治通鉴·159卷》、孟珙《蒙鞑备録·诸将功臣》。
②镇虏卫最初设于内蒙古呼和浩特市托克托县新营子镇黑城村。

年，又率大军攻下山东诸州，木华黎上奏其功，赐名马二十匹、锦衣一袭。太祖十三年，攻下太原、平阳。太祖十四年，破潞州、绛州及火山、闻喜诸州县。

当时，有人提议将闻喜的百姓迁到天成去，而刘伯林认为北方多战乱，生计困难，力争而止。俘虏人口以万计，全部释放。

太祖十六年(公元1221年)，刘伯林病卒，年七十二岁。赠太师，封秦国公。谥忠顺，子黑马。

刘伯林的儿子刘黑马，名嶷，字孟方。出生时家中白马产一黑驹，故以“黑马”为小名，以后以小名行于世。黑马勇敢，有志气有谋略，二十岁随父征伐，大小数百战，出生入死，毫无惧色。太祖十七年，承袭父职为万户，佩虎符，兼都元帅。

太祖十八年(公元1223年)，刘黑马随木华黎攻凤翔，不克，回军屯驻绛州。太宗(窝阔台汗)五年，随大军攻下南京汴梁。太宗(窝阔台汗)六年，黑马又随蒙古都元帅塔察儿攻蔡州。

之前，在公元1233年9月，蒙古都元帅塔察儿派使节至襄阳，约南宋一起合攻蔡州。

公元1234年正月，戊申夜，金哀宗召集百官，传位给东面元帅完颜承麟。完颜承麟固辞，哀宗说：“朕体素肥，不便于鞍马驰突。爱卿平日敏捷有将略，万一得免，能保我大金国祚不绝，就了却朕的心愿了。”完颜承麟不得已，即皇帝位。

大礼刚毕，南城已树敌旗。顷刻之间，四面杀声震天，蒙宋联军攻入蔡州内城。金哀宗自缢于幽兰轩。金末帝完颜承麟闻金哀宗死讯，竟还能率群臣入哭，谥曰“哀宗”。哭奠未毕,城溃,诸人忙投火焚金哀宗尸体。金末帝泪眼未干,也被乱兵杀死。完颜承麟是中国历史上在位时间最短的皇帝,总计只有一个多小时的为帝时间。

元代史臣曾叹惋金哀宗的为人:“思其亡国之惨,方比于北宋;国君之烈,胜出徽、钦二帝。”

太宗(窝阔台汗)十三年(公元1241年),改授刘黑马为都总管万户,统西京、河东、陕西诸军万户。帝命他巡抚天下,考察民情。应州郭志全反叛,平息后,胁从受牵连者五百余人,官府拟将他们斩尽杀绝,黑马制止,只诛其为首者数人,其余从轻发落。

元世祖(忽必烈)中统元年(公元1260年),廉希宪、商挺在川、陕宣扬圣德,安抚百姓。此时,密力火者手握重兵居成都,希宪与挺估计他会叛变。因黑马有胆有智,便命他急速前往成都,假传圣旨将密力火者除掉。而后,其子上诉于朝廷,世祖说:“这是我的命令,你不必多言。”

中统三年(公元1262年),朝廷任命刘黑马兼成都路军民经略使。此时,泸州被宋军围困,而黑马已病,仍亲自督促转运军需。左右劝他休息,黑马说:“国事正急,为此而死,死亦无憾。”劳累而卒,年六十三岁。赠太傅,封秦国公,谥忠惠。

明代

朱元璋时代的铜火铳与托克托

在今天的内蒙古托克托县的地面上,明代的朱元璋曾经设立过东胜卫和镇虏卫,在东胜卫和镇虏卫的故城遗址里均出土了铜火铳。请看清楚:是铜火铳,不是铜火锅!

当时的山西都司所属东胜卫城址在今托克托县托克托城,以下简称托城;镇虏卫城址在今托克托县黑城。

火铳,也称“火筒”(《明史·徐达传》),《明实录》记载统称“火铳”;《清会典》载:“凡火器之小者,曰铳”;《大学衍义补》卷一百二十二记载:“亦谓之炮,又谓之铳”。

实物上的铭文有称“筒”的,也有称“炮筒”或“铳筒”的,如托克托县境托城出土的1—2号铜火铳。

铜火铳由前膛、药室和尾銎三部分组成。铳身呈节状,分为两节,一节较长,一节较短。药室上有一小孔,系药门,用以放药捻。

后来的火铳是在宋代火铳的基础上发展起来的。宋绍兴二年(公元1132年)陈规创制了长竹竿火枪,开庆元年(公元

1259年)南宋人又创制了发射子窠的突火枪。元朝创制了火铳这一金属管形射击火器。明代的碗口铳是对元代碗口铳的继承和发展。

火铳按体积、口径、重量和功用,可分为小型、中型、大型三类,也就是文献中记载的"手把铜铳""碗口炮""将军炮"。小型铳也称作手铳、手把铳、铳筒、长铳筒,这种铜火铳在托克托县境的托城出土8件,在黑城出土4件。

铜火铳的款式与铭文记录了机构(款式分为制造卫所与使用卫所)、人员、职衔、时间和重量等信息,为研究古代火器提供了重要的实物依据和文字资料。

目前,在内蒙古出土的三十件铜火铳中,有十六件无纪年铭文。十六件无纪年铭文的铜火铳有四件在托克托县境的托城出土,一件在黑城出土。

朱元璋时代有铭文款式的铜火铳分为两种:一种是洪武五年款式;另一种是洪武十年(包括洪武十年以后终洪武之世铸造的火铳)。

洪武五年(公元1372年)的铜火铳,是由当时制造钱币的宝源局制造。自洪武十年(公元1377年)以后,制造火铳的机构,由明朝中央政府直接管理的宝源局改为地方卫所。

洪武三年(公元1370年),明朝将领金朝兴攻克东胜州(州治今内蒙古托克托县大皇城、小皇城)、云内州等地。洪武四年(公元1371年)改东胜州城为东胜卫 。

我们现在看到的东胜卫城是在唐代东受降城(宝历元年移建后的),辽、金、元代东胜州城,明初改称为东胜卫城(今东胜卫城内的大、小皇城)的基础上扩建的,准确地说,今天看到的东胜卫城应该叫"东胜左卫城"。

明朝在拥有东胜卫之后,时而撤,时而设。对于东胜卫的撤与设,明朝廷内一直争论不断,争论的话题延续整个明朝二百多年。

从东胜卫和镇虏卫(今内蒙古托克托县黑城)出土的铜火铳来看,并未发现有洪武五年(公元1372年)的铜火铳,何故?有可能是当时还没有制造出来,抑或是已制造出来但还没有来得及在此处使用。

下面,笔者从不同角度阐述托克托县境出土的铜火铳:

1. 托克托县境托城出土的3号铜火铳与黑城出土的1号铜火铳在制造时间、卫所名称、监造镇抚、民匠教师都一样。

2. 托克托县境托城出土的铜火铳:1号铳,全长44.3厘米,口径1.9厘米;铳身铭文:"水军左卫,教师沈名二,习学军人阿德。铳重三斤八两。洪武十年□月□日造"。

在黑城出土的铜火铳:"火铳铜质,全长44厘米,口径2厘米,壁厚1厘米,药室隆起,长6.5厘米。尾銎中空,应是安装木柄的地方。铳身有三道竹节箍,起加固火铳的作用。堂(膛)面錾刻铭文'水军左卫,教师泱名二,习学军人阿德,铳筒重三斤八两,洪武十年□月□日造'"。

这两个铜火铳特别相似,也许是同一件铜火铳?为什么在不同的地点会出土如此相似的铜火铳?

3. 托克托县境内的东胜卫城和镇虏卫城离流经托克托县境的黄河都不远,尤其是东胜卫城紧临黄河,元代郭守敬曾在此地设立北方水驿,故出土了明代的铳身铭文记有隶属京师的"水军左卫"的铜火铳。《托克托文物志》(上)第144页记载:

“镇虏卫故城遗址出土的铜火铳有明确的铸造年代，洪武十年（公元1377年），水军左卫隶属京师，在加强保卫京师的同时，亦能巩固边远地区的安定秩序。”或许是东胜卫城与镇虏卫城内有明朝的水军驻扎？有待进一步考证。若按照托克托县境的东胜卫和镇虏卫是铜火铳铭文所记的使用卫所来推断，当时的托克托县境卫所确有水军驻扎，因为附件所列“一、托克托县境托城出土的铜火铳（1）中的1号铜火铳”和“四、《托克托文物志》（上册）第144页记载的铜火铳”上面的款式与铭文所记机构均为使用卫所，没有监造官。

附：

一、托克托县境托城出土的铜火铳（1）（李逸友：《内蒙古托克托城的考古发现》，《文物参考资料丛刊》，1981年第4期）列举如下：

1号铳，全长44.3厘米，口径1.9厘米；铳身铭文：“水军左卫，教师沈名二，习学军人阿德。铳重三斤八两。洪武十年□月□日造”。

2号铳，全长44厘米，口径2.1厘米；铳身铭文：“虎贲左卫，教师祝一，习学军人尚十三。铳筒重三斤九两。洪武十年□月□日造”。

3号铳，全长44.2厘米，口径2.1厘米；铳身铭文：“袁州卫军器局提调所镇抚何祥，民匠徐成远，习学军匠王口。洪武十二年□月□日造。计三斤八两。”

二、托克托县境托城出土的铜火铳（2）（王荣《元明火铳的装制复原》，《文物》1962年第3期；成东《明代前期有铭火铳初探》《文物》1988年第5期）：

明代铜火铳全长42厘米,口径2.1厘米;铳身铭文:"杭州护卫,教师吴住孙,习学军人口朝口。铳筒重三斤四两。洪武十年□月□日造。"

三、托克托县境黑城出土的铜火铳(崔璇《内蒙古发现的明初铜火铳》,《文物》,1973年第11期):

1号铳,全长44.5厘米,口径2厘米,重1.9千克;铳身铭文:"袁州卫军器局提调所镇抚何祥,民匠教师徐成远,习学军匠施署。计三斤四两。洪武十二年□月□日造"。

2号铳,全长44厘米,口径2厘米,重2.1千克;铳身铭文:"凤阳行府监造官、镇抚孙英,教匠谢阿佛,军匠华孝顺。重三斤半。洪武十年□月□日造";

3号铳,全长43.5厘米,口径2厘米,重2.1千克;铳身铭文:"凤阳行府造。重三斤八两。监造镇抚刘聚,教匠陈有才,军匠崔玉。洪武十年□月□日造"。

四、《托克托文物志》(上册)第144页:

明代铜火铳于托克托县原黑城乡黑城村镇虏卫故城遗址出土:"火铳铜质,全长44厘米,口径2厘米,壁厚1厘米,药室隆起,长6.5厘米。尾銎中空,应是安装木柄的地方。铳身有三道竹节箍,起加固火铳的作用。堂(膛)面錾刻铭文'水军左卫教师泱名二,习学军人阿德,铳筒重三斤八两,洪武十年□月□日造'。"

《送黄定父赴云中谒张中丞》诗中的"云中"和"受降城"辨析

《送黄定父赴云中谒张中丞》是明代中期诗人欧大任写的一首诗,全诗如下。

送黄定父赴云中谒张中丞

〔明〕欧大任

汉家西北云中郡,大漠苍苍鸟飞尽。
代马风沙远斥边,秦人榆柳因成镇。
纥干迥隔雁门高,句注斜连稒阳近。
何年三筑受降城,单于射牧今谁问。
烽火曾照甘泉宫,幽并亦在胡尘中。
君王抚髀思颇牧,玺书夜册将军功。
山东才人近开府,帷幄运筹似其祖。
绝驱区脱静芦笳,尽日辕门寝鼙鼓。
黄郎任侠二十馀,手持一尺司马书。
西投开府献奇策,分庭愿作诸侯客。
燕郊去骑嘶春草,狐白之裘紫貂帽。

边风二月吹马倒,一川碎石飞如扫。

杨六寨前人迹稀,阴山何处飞狐道。

匕首腰间照雪光,檄成楯鼻不可当。

班生早勒燕然石,归来典秘兰台郎。

欧大任(公元1516—公元1595年),字桢伯,号仑山,广东顺德陈村人。以岁贡选江都训导,入为国子博士,终南京户部郎中。明正德十一年(公元1516年)出生于一个世代书香之家。他从小就聪颖好学,家中广有藏书,给他提供了有利条件。他"博涉经史,工古文辞诗赋",并喜体育运动,擅长蹋球、击剑。十四岁时,督学曾集中十郡的优等生会考,他三试皆列第一,名噪诸生,年八十而终。

《送黄定父赴云中谒张中丞》是欧大任为友人黄定父赴云中(今山西大同一带)拜谒张中丞而作,诗中开篇描绘云中郡的西北边塞风光,大漠苍凉,渲染出一种雄浑又略带孤寂的氛围;接着回顾历史,提及受降城等古迹,感慨曾经的繁华与战事,如今已随时间流逝。

"云中"在不同时期的行政归属是有差异的,汉唐时期特指今内蒙古托克托县一带,明代则泛指山西大同地区,但分析诗中的语境,更契合唐代军事地理背景。

一、先讲云中

诗的题目叫作《送黄定父赴云中谒张中丞》,题目里的"云中"指今天的山西省大同地区,而诗中第一句"汉家西北云中郡,大漠苍苍鸟飞尽"里的"云中"指郡治在今天内蒙古托克托县古城镇古城村的云中郡。

诗中"汉家西北云中郡,大漠苍苍鸟飞尽"一句的意思是:

大汉王朝西北部的云中郡,茫茫大漠广袤无垠,连鸟儿都飞不到尽头。

西汉时期,在今天的土默川上设立了一个云中郡,郡属之县调整为十一个,即云中、咸阳、陶林、桢陵、犊和、沙陵、原阳、沙南、北舆、武泉、阳寿,郡治云中县。云中县有个云中城,云中城下有云中塞,当年,这里发生了许多故事。

云中地区曾是战争的前沿。西汉从武帝到元帝近百年间,汉王朝与匈奴所进行的战争,给双方人民带来了极大的灾难。汉王朝在不同时期分别采取了屯田、和亲、开市、分封等手段和政策。汉竟宁元年(公元前33年),呼韩邪单于第二次赴长安朝觐,汉元帝允王嫱(即王昭君)与之和亲。自此以后,汉匈双方不仅维持了半个世纪的安定,而且也为后来匈奴南下附汉奠定了基础。

二、再谈受降城

《送黄定父赴云中谒张中丞》诗里还有一句:“何年三筑受降城,单于射猎今谁问。”意思是:哪一年三次修筑起受降城,如今单于射猎放牧之事又有谁过问?

受降城:唐时亦称河外三城,唐初名将张仁愿为了防御突厥,在黄河以北筑受降城,分东、中、西三城,都在今内蒙古自治区境内。另有一种说法,贞观二十年(公元646年)九月,唐太宗亲临灵州接受突厥一部的投降,“灵州会盟”成为重要历史事件。

事情的经过是这样的:公元707年5月,唐中宗李显任命张仁愿为朔方大总管。当时,北方突厥的可汗是默啜,正率军向西袭击突骑施。第二年,张仁愿趁突厥后方空虚,率军夺取漠北之地,并向中宗请命在黄河北岸筑三座受降城,彼此相应,抵御突厥南侵。中宗同意了张仁愿的奏请,命他全权负责筑城事宜。

三受降城体系是唐朝建立的进攻型军事重镇体系,进而控制了漠南,使后突厥汗国的根据地、政治军事经济的中心地区成为唐朝北部边疆内的军事地区,从而极大地削弱了后突厥汗国的国力。

三、东胜卫与大同

辽神册元年(公元916年),耶律阿保机率兵西征突厥、吐谷浑、党项、沙陀突厥诸部,大破振武节度使李嗣本占据的胜州城,擒获了振武节度使李嗣本,并且将胜州的百姓全部强行迁移到黄河东岸(按当时的黄河流向,胜州在黄河西岸),同时在唐代东受降城(今托克托县旧城)的地方另筑了一座城,进行了安置。因这座城在原来胜州城的东面,故命名为东胜州城(今托克托县大皇城),此后,金、元、明沿用。

我们今天看到的东胜卫城(今托克托县境)是唐代东受降城(唐宝历元年移建后的),辽、金、元的东胜州城,在明初改称为东胜卫(今东胜卫城内的大、小皇城)的基础上扩建而成的。准确地说,今天看到的东胜卫城应该叫东胜左卫城。

东胜卫初建后,隶属大同都卫(公元1375年改为山西行都司)。

明朝时,东胜卫时而撤,时而设。正如魏焕在《皇明九边考》(卷七《榆林经略考》)中所言:“议者谓驱河套之虏易,而守河套难,盖地广人稀故也。近有复套之议,谓当循唐之旧守三降城,又谓守东胜则榆林东路可以无虞,审时度力恐亦难为。”

土默特蒙古人来到土默川后,阿勒坦汗的义子“妥妥台吉”(又作“脱脱台吉”,1531—1591年,该台吉又称“恰台吉”)。曾驻牧于今托克托县境内的东胜卫城(今托克托县大、小皇城)。“托克托”是清代的译写,在明代汉籍中则写作“妥妥”“脱脱”。《三云筹俎考》记载:“恰台吉,授指挥佥事。系俺答义子。在山西偏关边外二百余里妥妥城住牧。”妥妥台吉曾协助阿勒坦汗处理明蒙事务。

在公元1571年,明廷与阿勒坦汗签订“隆庆和议”,开放大同得胜堡等十一处马市,此举结束明蒙近二百年军事对抗,大同成为明蒙贸易核心枢纽,而欧大任的《送黄定父赴云中谒张中丞》一诗创作于明隆庆年间(公元1567—公元1572年)。

附:欧大任著述

1.《明史》卷九十七《艺文志二》:“欧大任《百越先贤志》四卷。”

2.《明史》卷九十九《艺文志四》:“欧大任《虞部集》二十二卷。”

清代

古镇河口铁旗杆考(一)

黄河上游与中游的分界处,坐落一古镇,名叫河口。古镇内曾有一座龙王庙,庙前有一对铁旗杆。铁旗杆全称叫“铸铁蟠龙旗杆”,位于河口头道街北端原龙王庙门前。龙王庙建于清咸丰年间,铸铁蟠龙旗杆铸于同治元年(公元1862年)。“旗杆”只是当地人习惯的称谓,应称作“幡杆”。

旗杆上端各有一个六角斗方。斗方是中国书画装裱样式之一,指书画或诗幅页,尺幅较小。斗方是国画界的常用术语,一张正方形的画幅就是斗方。在民间年画中,把这种尺寸和形式的作品也称作“斗方”。

铁旗杆的斗方上各铸唐诗五言绝句一首,每首诗真、草、隶、篆四种书体各一句。左面为王维的《竹里馆》:“独坐幽篁里,弹琴复长啸。深林人不知,明月来相照。”右面为王之涣的《登鹳雀楼》:“白日依山近(尽),黄河入海流。欲穷千里目,更上一层楼。”

《蒲州府志》记载:“(鹳雀楼)旧在郡城西南黄河中高阜

处,时有鹳雀栖其上,遂名。"《登鹳雀楼》一诗中的鹳雀楼,因时有鹳雀栖其上而得名,其故址在山西省永济市境内古蒲州城外西南的黄河岸边。

蒲州城的鹳雀楼与古镇河口的铁旗杆都在黄河岸边。同样是王之涣的诗《登鹳雀楼》,同样是"白日依山尽,黄河入海流",但是,铁旗杆上"斗方"中的诗句"白日依山尽"的"尽"字,不是古籍中王之涣诗里的那个"尽",而是一个"近"字,铸作"白日依山近"。为什么呢?

下面是几位好友的看法,很有道理,总结如下:

1.毕竟看到的基本上都是"尽"的版本,而且画面上也更加和谐。匠人们因粗心导致的失误也有可能。

2.旗杆上写的"白日依山近",一定取了"白日依山尽"这首王之涣诗的谐音,但"尽"与"近"的寓意就不同了。

3.应该是两种情景吧,一个是日落,一个是贴近。

4."尽"是一种状态,是一种消失的感觉,像是黄昏的情景。"近"是一种动态,"近"更能表达河口当地的一种环境状态:抬头就是青山,低头即长河。

5.铸造者有意为之。因为古诗就有"白日依山近"的句子,描写白天的太阳靠近山的景象。铸造者认为,此诗用"近"字更加贴切,有意为之而已。

笔者认为:

一、尽与近,字体繁简不一。"尽"字的繁体写作:盡、儘,不便于铸造;而"近"字的繁体与简体写法相同,便于铸造。

二、尽与近,字义有区别。"尽"字释义有:1.完;2.达到极限;3.终结;结束。4.全部使出;5.竭力做到;6.死亡;7.所有的;8.皆;都;9.光;只。而“近”字的释义有 1.空间或时间距离短(跟远相对)。2.接近; 3.亲密;关系密切 。

在这里,“近”字更具有诗情画意,有夕阳无限好的美感;而“尽”字有结束之意,不免令人惋惜。

三、试想,当人们站在河口古镇的地面上,看到的太阳是“白日依山尽”,而站在高大的铁旗杆上,看到的太阳是“白日依山近”;进而,站在黄河岸边鹳雀楼上,与站在黄河岸边河口古镇的感觉不一样。也许,是心情不一样!

古镇河口铁旗杆考(二)

铁旗杆上铸有“住持僧”三个字,由此可见,古镇河口这个龙王庙里曾住有和尚,并有住持僧。“住持”一词源于佛教,最初的意思是“安住之、维持之”,旨在保护和传播佛法。唐朝时,禅宗兴盛,门徒日众,百丈怀海禅僧始立住持制度,以维持寺院秩序。由此可知,龙王庙内的和尚属于禅宗,至于属于哪一宗派有待进一步考证。

至于龙王庙里住过多少和尚,就不得而知了。据当地人讲,有一个叫妙智的和尚,山西人,庙宇破败后,曾在一个生产队里干过活。

我们还看到,在铁旗杆上“住持僧”的旁边还铸有“心富率徒弟圆昭、徒侄圆明、徒孙广灵。大清同治元年,岁次壬戌律应仲吕谷旦,合镇叩敬。”

这里,笔者把上述铭文解释为:庙里的住持僧心富带领徒弟圆昭、徒侄圆明、徒孙广灵及全镇百姓于大清同治元年四月的一个吉日里叩拜。

由此可见,当年古镇河口在“铸铁蟠龙旗杆”造成之后,住持僧心富曾经带领徒弟圆昭、徒侄圆明、徒孙广灵及全镇百姓举行了隆重的落成典礼。

古镇河口铁旗杆考(三)

铁旗杆的左面铸有:“山西太原府太谷县,金火炉朝阳聚盛隆造。金火匠人路安府襄邑南漳村,王聚文、付美、付信,吉日成造。”

可能由于铁旗杆上面的字迹漶漫不清,《托克托文物志》里记作“路安府”,有误,实为“潞安府”。

据《中国历史地图集》(中国社会科学院主办,谭其骧主编)记载:“山西省,因明旧。扩展北境。巡抚驻太原府。分为冀宁(太原)、河东(运城)、雁平(代州)、归绥(绥远)四道,领太原、平阳、蒲州、潞安、汾州、泽州、大同、宁武、朔平九府,平定、忻、代、保德、霍、解、绛、隰、沁、辽十直隶州,归化、绥远、托克托、清水河、萨拉齐、和林格尔六厅。”

由《中国历史地图集》可知,清代只有“潞安府”的记载,没有“路安府”一说。

据史料记载,潞安府即今日之长治市,山西省下辖地级市,位于山西省东南部,晋冀豫三省交界处。长治,古称上党、潞州、潞安等。清代沿用明制,潞安府治在今长治城。

另,在《三国演义》里,讲到“十八路诸侯讨董卓”的故事,其中第十五路的领军人物是上党(潞安)的太守张杨。张杨,字稚叔,东汉末云中人。

而对于这对“铸铁蟠龙旗杆”,古镇河口的百姓赞美有加,多年来流传着这样的顺口溜:

“沧州的狮子,应州的塔,正定府有个大菩萨。河口镇,一景生,生铁旗杆实爱人。双和店的财东是榆次人,太原府里请匠人,正月里起工七月成。竖方斗,四方亭,八骏马,实威风。琴棋书画有功名,两面铸的暗八洞,一对花瓶往上迎,向上盘旋一条龙。玲珑斗,做得精,一面铸有两条龙,四面共有八条龙,生铁旗杆十八条龙,旗杆顶头风磨铜。南照黄河一澄清,北照阴山归化城,照见大同一座城,琉璃照壁九条龙。一面挂着四个铃,两面共有八只铃,大风一刮响连声,顶如北京的景阳钟。”

在这里需要说明:这个顺口溜中讲到“双和店的财东是榆次人,太原府里请匠人,正月里起工七月成”,这里的“匠人”,是指从太原府里请来的铸铁蟠龙旗杆的建造单位,而制作匠人却是潞安府人氏。当然,他们是一套班子。

从旗杆的铭文可以看出,制造单位金火炉是山西太原府太谷县朝阳村的聚盛隆,而技术人员是潞安府襄邑南漳村的王聚文、付美、付信。

古镇河口铁旗杆考(四)

我们在《古镇河口铁旗杆考(一)》中讨论了“近”与“尽”，观点各不相同，今天笔者再谈一个新观点，供读者参考。

我们先从寇准的一首诗说起。寇准是谁呢？寇准是北宋的宰相，是著名的政治家和诗人。据史书记载，寇准七岁的时候，其父大宴宾客，饮酒正酣，客人请小寇准以附近华山为题，作《咏华山》诗，寇准在客人面前踱步思索，一步、二步，到第三步便随口吟出一首五言绝句：“只有天在上，更无山与齐。举头红日近，回首白云低。”这首诗比世人皆知的曹植七步成诗还要快出四步，真是才思敏捷，出口成章。

诗的大意是：除了蓝天，远远近近的山都在华山脚下。太阳显得那么近，山腰间飘着朵朵白云。寇准的诗突出了华山的高峻陡峭、气势不凡，准确传神。

具体地讲，“只有天在上，更无山与齐”。一句中的“只有”一词说明了华山极高，再比华山高的就只有那蓝天了；“更无”说明华山是唯一最高的山峰，再没有任何一座山峰能与之平起平坐。而"举头红日近,回首白云低"。一句中的"红日"之后的"近"字、"白云"之后的"低"字,都有力地衬托了华山的高耸与陡峭。诗中的"只有""更无""近""低",都用得十分精准,十分巧妙。

通过诵读寇准的这首《咏华山》诗,笔者对古镇河口生铁旗杆上的"近"字又有了新的认识和理解。从七岁小孩的真实感受中我们领悟到:王之涣《登鹳雀楼》诗中的"尽"字,重点讲日落,表达了时间的概念;而铁旗杆上的"近"字,可能是想突出旗杆的高大,表达了空间的概念。

往日,这对铸铁蟠龙旗杆耸立于托克托(厅)县河口古镇龙王庙山门前的左右两侧,而在河口镇诸多庙宇中以龙王庙的规模最为宏伟。龙王庙坐落于河口镇北端,是一个坐北朝南的庙宇群。庙宇以牌楼为中心分为南北两大部分,北部为庙宇主体建筑,南部有戏场、三官庙等。南北总长五十多丈,东西宽约十五丈,总占地面积约十亩。

龙王庙是三进院式的青砖青瓦白灰条砖木结构建筑群,建筑面积一千多平方米,建筑物总计二十多处。

这对铸铁蟠龙旗杆晚于建庙时间,于清同治元年(公元1862年)铸造成功。铸铁蟠龙旗杆高三丈六尺五寸,寓意一年三百六十五天。底部为方形夹石,顶端为穹顶圆球,寓意古人"天圆地方"的宇宙观。铁旗杆工艺精良,令人叫绝。每根旗杆的中间部位铸巨龙一条,高约丈余,身缠旗杆,若即若离,鳞爪分明,昂首奋尾,腾云驾雾,凌空出世,活灵活现。

虽然,铸刻在铁旗杆上的王之涣的《登鹳雀楼》:"白日依山近(尽),黄河入海流。欲穷千里目,更上一层楼。"这首诗的字迹已模糊不清,但诗中每个字的笔画的沟槽里都沉淀着古镇的记忆,将铁旗杆升华为承载古镇集体记忆的史诗性存在。

在这里,铁旗杆既保持了历史的真实性,又赋予了它超越物理属性的象征意义。诗中的一个“近”字,使审美体验突破平面维度,获得多维度的艺术震撼力,远观、近看、动态、静态,以及与周围环境的互动,全面展示了铁旗杆的高大。

从国家博物馆里的托克托日晷说开

《托克托文物志》记载:“清光绪二十三年(1897年),在托克托城出土的日晷用致密泥质大理石制成,长27.5厘米,宽27.4厘米,厚3.6厘米,是全国唯一可靠而完整的汉代日晷。现藏于中国国家博物馆。”[①]

这件计时器,为研究汉朝政府在北疆地区实施有效行政管理的历史,提供了重要的考古依据。

托克托日晷是一件实用的移动式晷影盘,可以测定任何一个地方的太阳方位,确定白天与黑夜时间的长短。到了夜晚,通过结合对极星的观察,来推算日晷所在地的方位、时间、节令及天象、气象变化的规律。

日晷,也叫“日规”,由晷盘和晷针组成。主要是根据日影的位置,以指定当时的时辰或刻数,是我国古代较为普遍使用的计时仪器。

①王大方在《汉代北疆地区出土的两件计时器》一文中讲到“在托克托县云中郡古城,曾出土一件汉代石刻日晷。”

在一天中,日晷被太阳照射到的物体投下的影子在不断地改变着,首先是影子的长短在改变,早晨的影子最长,随着时间的推移,影子逐渐变短,一过中午它又重新变长;其次是影子的方向在改变,因为我们在北半球,早晨的影子在西方,中午的影子在北方,傍晚的影子在东方。从原理上来说,日晷可以根据影子的长度或方向来计时,但根据影子的方向来计时更方便一些。故通常以影子的方位计时。由于日晷必须依赖日照,所以不能用于阴天和黑夜。因此,单用日晷来计时是不够的,还需要其他种类的计时器,如水钟、漏壶等与之配合。

托克托日晷所包含的内容,反映出古代先民已掌握了数学和几何学在空间领域的应用。

中国古代天文学或被称为靠测日影起家的,上观天象,下授人时,用以指导安排农业生产。中华五千年的传统文化和科学史等诸多方面的问题,都可以从这件日晷上得到答案。

日晷出土后,有人在日晷背面墨书两行:“光绪二十三年出土山西托克托城。”所以,文博界将这一早年出土的文物瑰宝,称之为托克托日晷。

那个年代,托克托厅归山西管辖。据《托克托县志》记载,清光绪二十三年(公元1897年),托克托厅(县)的抚民通判兼理事是直隶宝坻(今天津市宝坻区)人李恕。

古诗文中的日晷,不仅描绘了古代计时工具的形象,也蕴含了古人对时间流逝的感慨,具体有以下几个方面的内容。

一、日影

唐代方干《赠上虞胡少府百篇》一诗中写道:“日晷未移三

十刻,风骚已及四千言。”

释义:日影还没有移动三十刻,文章已经超过四千字。

赠上虞胡少府百篇

求仙不在炼金丹,轻举由来别有门。

日晷未移三十刻,风骚已及四千言 。

宏才尚遣居卑位,公道何曾雪至冤。

敛板尘中无恨色,应缘利禄副晨昏 。

描写日影的诗文还有:

1.《周髀算经》卷上:“故冬至日晷丈三尺五寸,夏至日晷尺六寸。冬至日晷长,夏至日晷短。”

2.《艺文类聚》卷七七引北齐邢劭《景明寺碑》:“及日晷停流,星光辍运,香雨旁注,甘露上悬。”

3.元代柯丹邱的《荆钗记·续姻》:“日晷渐长人尽悦,绣纹弱线添些。”

4.明代马中锡的《中山狼传》:“相持既久,日晷渐移。”(见《东郭先生与狼》)

二、时光

宋代王安石《本朝百年无事札子》:“臣以浅陋,误承圣问,迫于日晷,不敢久留,语不及悉,遂辞而退。”

释译:臣子我因为浅陋,辜负了圣上的厚爱,迫于时光的流逝,不敢停留太久,说的话都不能做到,于是告辞而退。

描写时光的诗文还有:

清代陆以湉《冷庐杂识·周文忠公》记载:“日晷已促,不得尽言。”

三、古代测日影定时刻的仪器

宋代诗人方回在《己亥十一月二十一日长至前一旬书》一诗中描绘道:

地上天少日晷短,子月日南而北返。

地上天多日晷长,午月日北而南行。

释义:地上的天少日晷短,子月日南而北返;地上的天多日晷长,午月日北而南行。这句诗表达了日晷长度与月份变化之间的关系,以及太阳在不同季节里在天空中的位置。

描写仪器的有:

1.《汉书·艺文志》有《日晷书》三十四卷。

2.清代钱泳《履园丛话·艺能·铜匠》:"测十二时者,古来惟有漏壶,而后世又作日晷、月晷,日晷用于日中,月晷用于夜中,然是日有风雨,则不可用矣。"

四、有关佛教的诗文中也有描写日晷的

1.宋代释法薰《赞朝阳穿破衲待月了残经》:

"日晷已殂,我经未了。掩卷立须臾,冰壶挂森杪。"

未了:没有了却、结束。

2.宋代吴芾《机简堂余里人也在方外三十年未识其面乾道已》:"共说无生话,不觉日晷移。"

河口古镇掌故

呼和浩特被誉为“塞外明珠”是因为有独特的自然风光和深厚的历史文化底蕴,拥有许多代表性的历史遗迹和文化景观。

呼和浩特市托克托县古镇河口是黄河上游和中游的分界点,优越的地理位置也体现在经济上。古镇河口是黄河航运的重要枢纽,也是沟通中原和西北物流运输最重要的水上通道,对沿黄地区经济社会的发展起到了重要的作用,河口也成为繁华富庶的水旱码头,洵为一时之盛。这些情况,笔者有专文论述。这里重点介绍古镇河口具有代表性的文化符号——码头、龙王庙、生铁旗杆、石狮子,希望能保存这一文化记忆,赓续地方文化。

一、古镇河口的码头

今天的内蒙古呼和浩特托克托县古镇河口是元代黄河水运北国水驿第一站,东胜州(州治今内蒙古托克托县大皇城)作为北国水驿的起点,在史册上再一次引人注目。

当年,元代科学家郭守敬的老师刘秉忠来到北国第一水驿,写下了下面的诗句。

东胜道中

天荒地老物消磨,
赢得诗人感慨多。
两鬓黄尘秋色里,
又投东胜过黄河。

根据郭守敬的科学论证,忽必烈于至元四年(公元1267年)七月,降旨自中兴路(今宁夏银川)至东胜州(今内蒙古托克托),设立了十处水上驿站。此段漕运的开辟和水上驿站的设立,便利了西夏故地粮食外运。尤其是设在东胜州的三个水上驿站,极大地改善了西夏故地与元上都、元大都的交通状况,加强了西夏故地与元朝中央的联系。正如《绥远通志稿·水路》所载:“而自西徂东,以达于各地者,盖以东胜为集散转运之地。今之托河即古之东胜(内蒙古托克托)也。”

内蒙古托克托县在元朝时期是重要的水陆交通要塞,时称“牛站”,是木怜、纳怜两道的连接点。牛站在我国历史上,无论是在政治与经济方面,还是在军事方面都起过重要作用。

据《土默特志·重要城镇》记载:“河口镇位于大黑河汇入黄河处,自康熙中设胡滩和硕官渡以后,河口成为土默特地区与山西等地贸易的重要码头,商业和航运业较发达。”

河口之所以成为“晋蒙粮油故道”上著名的水旱码头,得益于其所处的地理位置。河口位于黄河“几”字的右上角,是黄河上、中游的分界处。纵贯土默川的大黑河在其上中游汇集了多条季节性小河,弯弯曲曲,由北而南,注入黄河。

黄河的水运,以托克托(厅)县的河口镇为中间点,上行至南海子一百二十公里,经南海子到西山嘴二百四十公里。再经土城子、永济渠口、磴口、石嘴山、横城堡、中卫、五方寺可抵甘肃兰州,共约一千五百多公里。下行经喇嘛湾、榆树湾、老牛湾、偏关河口,到河曲大口一百五十多公里。从河曲过保德州到临县碛口镇,共计水程约三百公里。继续南下,过跌碛,经军渡等渡口,可直至河津县的仓头镇。

河口镇的街巷以禹王庙为中心,分别向西北、东北、西南、东南延伸出四条大街。依次叫头道街(也叫前街)、后街、二道街、三道街。头道街与三道街呈西北—东南走向;后街与二道街呈东北—西南走向。四条街各长约二里半,交汇处又形成一条禹王庙街。

河口镇的码头设在镇南、镇西的海口(当地人称黄河与黑河交汇的地方)。主要有粮油码头、盐碱码头、甘草码头等。沿黄河排列的码头叫外码头,沿黑河排列的码头叫内码头。在码头岸上,各商家的买卖字号均有自己固定的装卸货物的码头和货场,分别以字号命名。这些字号的码头上,都有专职的掌柜、记账先生和装卸工人。若人手不够,可临时雇人。

据史料记载,在河运繁忙的季节里,河运商船二百余艘、河路工人一千多名往来于河口码头。在码头上等待装卸的不仅有来自黄河上、中游的大小船筏,还有从各地陆路赶来的牛、马、驴、骡、骆驼。它们大部分在镇内的字号商店里进行交易,也有直接在码头上进行交易的。

当时,河口镇与外界往来有一条重要路线,这条路是河口、托城通往归化城的主要陆路。该路从河口出发,经托城、官士窑、什力邓、三两庄、浑津桥进入归化城,里程八十公里,车行需两日。出归化城东,越蛮汉山,过岱海滩及丰镇,进得胜口,到大同,经居庸关达北京,再至天津。

乾隆年间,从归化城经把栅、添密儿、美岱儿、石人湾、牛家川至得胜口开了一条通往内地的京大路。京大路修通后,货物不再由杀虎口转运,而是经得胜口出入。而五路村紧挨添密儿,且吃住比添密儿更为实惠和方便。

乾隆元年,按照旧例,朝廷准许在黄河中上游的分界点河口镇设置了蒙盐积储的地方,然后再由陆路驴驮车载行销,但不准由水运直下。《绥远通志稿》是这样记载的:"蒙盐行销各处,囤积地点,最初置盐大使于托县之河口镇。以其为紧要口岸,且以防水运也。"

光绪三十三年,晋北榷运局与阿拉善旗订立合同,租赁盐地,自行捞产,办理官运食盐,运到河口镇,河口分局验票并转运到归化城,商人贩运零售。当时,河口分局负责征收土盐和吉盐税。

绥远城将军保德私伐乌拉山木料,从包头两边装船,在托克托的河口镇停泊,一部分顺流南下碛口,一部分卸到岸上由陆路运往归化城,分散到附近各地。当时,由于税收很大,托克托木税局被认为是杀虎关的肥缺。

相传,在这段时间里,刘统勋曾在托克托河口镇经营木材的亨荣木店住过,同时,他还骑着毛驴到包头实地调查过。

"水旱码头"成就了河口古镇两百余年的发达经济。宣统三年(公元1911年),镇内有铺户92家,铺伙2832人,居民920户,常住人口6260人,加上流动人口,人数过万。

仅公元1915年,水运货物吞吐量达六百万斤,其中,入岸达480万斤,起岸达120万斤。

河口镇由水陆运输促成的各行各业,使地方经济产业链特色鲜明。木、铁、皮、绳等工匠作坊,盐碱、皮毛、甘草、红柳、木材等产品加工业,米面、油、酒、醋、酱、粉等作坊星罗棋布。

河口民间有句俗语:"碛口的银子花不完,河口的粮油运不完。"当时,河口的采购人员被称作"上街的",收购的粮食品种有糜黍、高粱、小麦、大麦、广麦、草麦、豌豆、扁豆、胡麻、麻子等。经营粮油生意的六陈行有惠德成、双和店、宝隆元、德义成、世兴店、六泰合、义和昌、公和元、同心和、永隆昌、德成厚、德盛泉、东合和、复兴厚、兴盛泉、玉德缸坊、崇厚缸坊、德亨油坊等。

河口镇流传着一句谚语:"扳倒河口大油篓,油花满河进碛口。"传说,道光三十年(公元1850年),黄河决口淹没河口,镇区的水面上漂浮着几寸厚的油花花,穷人把油花花舀回家,在锅里熬澄后,作为灯油或食油。

从公元1821年至公元1923年,河口镇甘草交易市场闻名海内外。道光年间,晋商以外,京、津、冀、陕、甘、宁、鲁、湘、鄂、沪、粤、港等皆有专营机构落地河口,产品远销俄罗斯、朝鲜、日本、印度尼西亚及东南亚各国。英美烟草公司和欧美洋行设有常驻机构,向荣升昌、公义昌、裕隆店等大草行订购甘草。

而像荣升昌、公义昌、裕隆店等大草行在河口附近的占地面积都有十几亩,工人有两百多人。

仅公元1914年,英美烟草公司一家就在河口收购甘草三百万斤,销往土耳其等地。河口甘草年运销四五百万斤,银值四五十万两。

据《绥远通志稿》记载:“(河口)各业商店开始大都在清同治、光绪间,历年营业以甘草来源日广,市场异常活跃。清末民初,臻于极盛矣。各草店每年抽收佣费,由数万元增至十余万元,河口甘草码头,遂居本省主要商业之首位。”

古镇河口不仅经济繁荣,而且金融业也很发达。较大的钱庄有义和永、德成厚、德和昌、福恒益、义德等,皆为股份制经营。

清末,古镇河口有一家西北地区较大的金融机构,叫作清宁当。清宁当位于古镇河口头道街的中段,这家当铺同时兼营钱庄。清宁当的财东是山西省代县阳明堡的刘家。

当时,在托克托县境内的刘字号有祝乐沁义兴成、账房坪大成德、什力邓恒德昌、托城义成店和新缸房、河口镇清宁当。铁帽刘家到刘凤歧(香鱼儿)管家时,托城有商号三家、河口一家。

“刘字号”采取地主兼资本家的经营模式,其财产之巨,难以计数。从山西代县到绥西河套二分子,沿途都有刘字号的店铺和土地。

传说有一年,河口镇七月十五放河灯,十三省女儿献美河口,戏班二十七家,食棚三里不绝,仅打坏的灯碗就有近两千个,空前绝后。

二、古镇河口的龙王庙

古镇河口庙宇众多,有关帝庙、龙王庙、禹王庙、财神庙、真武庙、山神庙、三官庙、观音庙、五道庙、河神庙、孤魂庙、奶奶庙、清真寺等等。这些庙宇的建筑造型各异,融合了我国古代传统的建筑技艺和艺术风格。

庙宇的屋面造型有硬山、悬山、歇山等,而单檐、重檐、斗拱、卷棚、攒顶、吻兽、仙人座等也各得其工。"五脊六兽"变化无穷,飞檐翘角巧夺天工。青砖砌墙,白灰抹缝;银灰瓦顶,兽头瓦当;石条高阶,红柱回廊;画栋雕梁,富丽堂皇。

在河口镇诸多庙宇中,以龙王庙的规模最大。龙王庙坐落于河口镇北端,是一个坐北朝南的庙宇群。庙宇以牌楼为中心分为南北两大部分,北部为庙宇主体建筑,南部为戏台、戏场、三官庙等。南北总长五十多丈,东西宽约十五丈,总占地面积约十亩。

龙王庙是三进院式的青砖青瓦白灰条砖木结构建筑群,建筑面积一千多平方米,总计有二十多处建筑物。

据石俊贵先生主编的《托克托文物志》(上册252—253页)记载:"龙王庙的主体建筑是正殿,正殿有出厦,四根明柱支撑厦子。正殿东西宽为四丈,入深三丈多,顶高三丈开外,古色古韵,颇具雄姿。正殿内供奉龙王爷,龙王爷端坐正中,面色黝黑,圆睁一双虎眼,被当地百姓视为解救水旱之灾的恩神。地下站着两排塑像,面面相对,一排四个,有雷公、电母,还有牛头马面,形状怪异。

正殿东面是宣子庙,庙内正面高台上卧着一头塑牛,翘首凝望。有一道者模样的人面朝南横坐在牛背上,悠然自得,但不知为哪路神仙。当地人称"宣子庙",究为"宣子庙",还是"仙子庙"? 真实名称无从考证。

正殿西面是马王庙,马王庙供奉马王爷。长着三只眼,前额正中还有一只眼睛。当地人谑称,“你看马王爷长着几只眼”,意指不知深浅。马王爷座台下两侧各有一尊站着的塑像,当地人称为“二鬼头”。

相传,龙王庙建于道光三十年水淹河口之后的咸丰初年。龙王庙的“四大景观”远近闻名,即“八扇大门,没耳子钟,生铁旗杆十八条龙,盖的个戏台没椽檩”。

河口镇为什么要建一座龙王庙呢?这里有其地理环境和遭受水灾等方面的原因。道光三十年(公元1850年)秋,黄河发大水,倒灌黑河,河口镇南的护村大坝决口,将河口镇全部淹没,浸渍一个多月,财产损失达四百余万两。大水退后,河口镇的乡绅耆老出面商议:河口镇紧傍黄河与黑河,水患频发,只有盖座龙王庙,请龙王爷来治理水害,才能保河口之平安。于是决定由本镇商家字号、富户人家捐资捐物,集资盖庙。

龙王庙盖在什么地方好呢?大家意见纷纷,莫衷一是。传说此时来了一个法名叫心富的云游和尚,此人上通天文,下晓地理,有通天彻地之才。他建议将龙王庙建在头道街北端。为什么呢?他说:“那里地下有两眼神泉,甚为神奇。”龙王庙建成后,拓泉成井,井水清澈,清凉甘甜,周围的住户人家和庙内用水均取之于此井,故在井的旁边又加盖了一座井神庙,将井神爷供奉其中。后来这名叫作心富的和尚的法名被铸刻在龙王庙前的铁旗杆上。

三、古镇河口的铁旗杆

公元1862年,清同治元年,一对生铁蟠龙旗杆铸造成功,并耸立于托克托(厅)县河口古镇龙王庙山门的两侧。

旗杆顶端各挂四个风磨铜小铃,风吹铃响,悦耳悠扬。整幢旗杆浑然一体。铸艺如此精美,真可谓是匠心独运。

铁座上方,铸有对联一副:

风调雨顺亿兆①蒙休②

海晏河清威灵③著绩④

对联的内容是给龙王爷歌功颂德的,大意是:大自然的风雨适合时宜,老百姓安居乐业。生铁旗杆显灵,汹涌的黄河水不再泛滥成灾,造福一方,功德无量,海晏河清体现了龙王爷的丰功伟绩。

对联上端各有一个六角方斗,分别铸有一首五言绝句。

左面一首是王维的《竹里馆》,右面一首是王之涣的《登鹳雀楼》。

为什么古镇河口龙王庙铁旗杆上铸刻王维、王之涣的诗呢? 笔者认为有以下几个方面的原因。

(一)建造铁旗杆的出资人、铸造者、诗词作者同为山西人。

1. 铁旗杆左面铸有铭文:“经理:德懋张励行,双和店贾子莹,庆合店薛清,晋益恒吴助周,山西太原府太谷县,金火炉朝阳聚盛隆造。金火匠人路安府襄邑南漳村,王聚文、付美、付信,吉日成造。”

2. 根据铁旗杆的铭文记载可知,这对蟠龙铁旗杆是由“德懋张励行、双和店贾子莹、庆合店薛清、晋益恒吴助周”为商店

①亿兆:借指天下苍生,老百姓。
②蒙休:得以休养生息,享受幸福美满。
③威灵:神灵,这里特指龙王。
④著绩:显示出丰功伟绩。

字号的经理组织铸造的,而这些买卖字号的财东老板都是山西籍。

3. 铁旗杆的具体铸造单位是“山西太原府太谷县,金火炉朝阳聚盛隆造”,也是山西籍。

4. 铁旗杆的具体铸造人是“金火匠人路安府襄邑南漳村,王聚文、付美、付信。”铸造者也是山西籍。

5. 唐代著名诗人王维是河东蒲州人,即今天山西省运城市永济市人。

6. 盛唐著名诗人王之涣是绛州人,即今天山西省新绛县人。

(二)王维被后人称为“诗佛”,他的诗词容易被寺庙采用。

1. 铁旗杆右面铸有铭文:“心富率徒弟圆昭、徒侄圆明、徒孙广灵。大清同治元年,岁次壬戌律应仲吕谷旦,合镇叩敬。”

意思是:庙里的和尚心富带领徒弟圆昭、徒侄圆明、徒孙广灵及全镇百姓于大清同治元年四月的一个吉日里叩拜。

2. 王维,唐开元十九年(公元731年)状元及第。乾元年间任尚书右丞,故称“王右丞”。

王维,字摩诘,号摩诘居士。他参禅悟理,学庄信道,精通诗、书、画、音乐等,以诗名盛于开元、天宝年间,尤长五言,多咏山水田园。

后人称王维为“诗佛”,此称谓不仅是对王维诗词中的佛教意味和王维的宗教倾向的肯定,更是对他在唐朝诗坛崇高地位的肯定。

王维早年有过积极的政治抱负,希望能做出一番大事业,后因政局变化无常而逐渐消沉下来,吃斋念佛。佛教有一部

《维摩诘经》,是王维名和字的由来。

苏轼在《东坡志林》中评价说:“味摩诘之诗,诗中有画;观摩诘之画,画中有诗。”

3.《竹里馆》是王维晚年隐居蓝田辋川(今陕西省蓝田县西南10公里处)时创作的一首五言绝句。此诗写隐者的闲适生活及情趣,描绘了诗人独坐月下,弹琴长啸的悠闲生活。(长啸:撮口而呼,这里指吟咏歌唱。古代一些超逸之士,常用来抒发感情。魏晋名士称吹口哨为啸。)

全诗虽只有短短二十个字,但有景有情,有声有色,有静有动,有实有虚,对立统一,相映成趣。整体诗与铁旗杆上面的琴棋书画、八骏马、暗八洞、松竹花卉,穹顶圆球,巨龙小龙,玲珑剔透的翅角方斗及旗杆顶端的风磨铜小铃协调一致。

这首诗是诗人生活态度以及作品特点的绝佳表达,此诗曾被选入语文教科书。

(三)王之涣的《登鹳雀楼》是写黄河边景象的,而古镇河口正位于黄河边:

1. 王之涣,早年精于文章,并善于写诗,多被引为歌词。他尤善五言诗,以描写边塞风光见长,是边塞诗派代表诗人。他的诗以《登鹳雀楼》《凉州词》为代表。

2. 鹳雀楼:旧址在山西省永济市,楼高三层,前对中条山,下临黄河,传说常有鹳雀在此停留,故有此名。

3.《登鹳雀楼》的前两句写的是自然景色,但开笔就有缩万里于咫尺,咫尺有万里之势;后两句写意,写得出人意料,把哲理与景物、情势融合得天衣无缝,成为鹳雀楼上的一首绝唱。

4.鹳雀楼与武昌的黄鹤楼、洞庭湖的岳阳楼、南昌的滕王阁齐名,被誉为我国四大名楼。据记载,鹳雀楼高30米,是当时长安城墙高度的5倍。这么高大雄伟的鹳雀楼为什么要建造在远离城镇的黄河岸边呢?

鹳雀楼始建于南北朝。相传,当时北周政权的权臣、大司马宇文护(今内蒙古呼和浩特市武川县人)的母亲在战乱时期被北齐俘获并长期幽禁。宇文护日夜期盼母亲归来,于是在秦晋豫交界的黄河边修建了鹳雀楼,凭栏眺望母亲所处的敌国,以此寄托思母之情。

王之涣《登鹳雀楼》一诗中的鹳雀楼位于王维的家乡永济,很巧吧?无独有偶,传说像古镇河口这样宏伟精巧的庙宇铁旗杆在全国只有两对,因为在这两对铁旗杆铸成后,王聚文就再也没有铸成第三对铁旗杆——不是龙头缺角,就是龙身缺爪,总之是残缺不全,美中不足。王聚文一气之下,再也不铸生铁旗杆了。河口龙王庙的蟠龙生铁旗杆以其独特而精致的造型名闻天下。

四、古镇河口铁旗杆的传说

这对精美的蟠龙生铁旗杆在当时的条件下是怎么铸造出来的呢?

关于这个谜,当地民间有个传说:王聚文立志要在塞外的水旱码头河口镇铸造一对当时举国仅有的生铁蟠龙旗杆。他决定一边铸一边立,从底至顶铸为一体,不留焊接痕迹。但施工到高处时,不光运料困难,人站在脚手架上,行动也困难。大伙儿犯愁了,怎么办?

据杨诚先生所著《古镇河口》记载,这一天王聚文正在和大家苦苦思索办法,忽见一个白胡、白鬓的老人站在半截旗杆下不动声色地打量着。王聚文心想,老年人或许会有什么办法,就走到老人跟前,恭敬恳切地向老人求教。那老者看了看王聚文,淡淡地说了句:“我已是土埋到脖子上的人了,能有什么办法呢。”说罢,突然就不见了,工匠们异常惊奇。还是王聚文有心计,他反反复复琢磨老人的话,猛然醒悟了。他高兴地一拍大腿,大声说:“有办法了!”他对疑惑不解的人们解释说,“刚才那位神仙爷爷点化我们说,土埋到脖子上,就是教我们用土在旗杆周围垫高台,筑多高,垫多高,又保险,又方便,大家说这办法好不好?”“好哇!”大伙儿高兴地喊起来。

消息传开,河口镇的人们不约而同来到龙王庙,扛锹挑担,很快就垫起了一座高土台。从此,旗杆筑多高,土台就筑多高。就这样,龙王庙的旗杆终于竖起来了。”

自从生铁旗杆竖立起来以后,每到风和日丽的早晨,一对旗杆便“现形”于空中,尤其是那两条大龙,腾云驾雾,如同活了一般,十里之内,看得一清二楚。

托克托民间流传的一首赞美蟠龙生铁旗杆的顺口溜:

沧州的狮子,
应州的塔,
正定府有个大菩萨。
河口镇,
一景生,
生铁旗杆实爱人。
双和店的财东是榆次人,
太原府里请匠人,

正月里起工七月成。

竖方斗,

四方亭,

八骏马,

实威风。

琴棋书画有功名,

两面筑的暗八洞,

一对花瓶往上迎,

向上盘旋一条龙。

玲珑斗,

做得精,

一面铸有两条龙,

四面共有八条龙,

生铁旗杆十八条龙,

旗杆顶头风磨铜。

南照黄河一澄清,

北照阴山归化城,

照见大同一座城,

琉璃照壁九条龙。

一面挂着四个铃,

两面共有八只铃,

大风一刮响连声,

顶如北京的景阳钟。

五、古镇河口的石狮子

最后,再讲一讲位于河口古镇关帝庙山门外两侧的石狮子和来源于河口古镇民间社火活动中的绿狮子。

(一)石狮子

河口古镇关帝庙山门外的石狮子一雄一雌,青色花岗岩材质。笔者在河口小学上学时,还看到从关帝庙移置于学校西大门外两侧的这对石狮子。

河口的石狮子高110厘米,宽40厘米,长85厘米,原有约1米高的束腰式台座,台座现已无存。石狮造型为蹲踞式,昂首突胸,大口张开,前肢直伸,后肢屈曲,披鬃、深目,颈系绦结,结系古钱,整体给人以华美雄健之感。雄狮左脚玩“滚乾坤球”(俗称绣球),母狮右腿上趴伏一幼狮。雄狮胸前上下阴刻“大清乾隆”,底座横向阴刻“四十五年”。母狮胸前上下阴刻“云中社献”,底座横向阴刻“六月二十四日立”。

“云中社”为民间社团。由铭文可知,这对石狮由云中社出资雕刻并捐献给河口关帝庙。

后来,听说这对古老的华美雄健的石狮子不知去向。唉,可惜!如果赵元任大师在,或许能再写一篇《失狮石狮史》。

(二)绿狮子

杨诚先生在《古镇河口》一书中写道:“河口文化中具有典型性、代表性的文化艺术是社火文化。在河口经济、文化发展的鼎盛时期,河口成为土默川社火文化的渊薮,并对周边地区的文化艺术产生过辐射、促进的深刻影响。”

河口古镇除了石狮子,还有一对绿狮子。绿狮子是河口社火文化的代表性文物。笔者从小在古镇长大,对绿狮子有很深的印象,小时候听老人们讲过关于绿狮子的往事。

河口东大社曾有一对黄毛狮子,到光绪年间,阿拉善一位王爷送给河口一对绿色子母狮子,从此,绿狮子取代了黄狮子。

从老人们口中得到的一些史料:清政府制定有年班、围班制度,居住在北部边疆地区的蒙古族王公贵族,在年班、围班期间,都要轮流从遥远的边疆地区到北京或木兰围场朝见皇帝。

清光绪年间,内蒙古西部地区阿拉善的蒙古王爷进京朝见皇帝,从黄河上游坐船顺流而下至河口镇,住上几日后由陆路赴京城。

河口古镇上的头面人物便把王爷安排在条件好的朱家大院。朱家乃河口镇望族,家大业大,人口也多,大院又套有若干小院,看上去十分气派。朱府是当时河口高档次的旅馆,专门招待官府来人以及过往的富商大贾。

阿拉善王爷进出京城途中总要在河口镇逗留几日,他特别喜欢这里的元宵社火表演。有一年,王爷高兴之余,便把在北京制作的一对造型新奇、做工考究的绿毛狮子转送给河口镇,以表示答谢。从此以后,河口镇便有了耍绿毛狮子这一活动。

从上文可以了解到,古镇河口的石狮子和绿狮子一静一动,再现了古镇往日的静穆与繁华,读者朋友您感受到了吗?

民 国

民国知事屠义源与托克托

屠义源,字厚川,生于1883年,湖北省孝感市人。

1905年,年仅22岁的屠义源由湖北来到绥远归化城(今呼和浩特市旧城),当时他是随着归绥兵备道胡孚宸来到归化城的。

屠义源是清末有名的教育家,山西令德堂和陕西宏道学院山长[1]屠仁守的侄儿,光绪末年在归绥中学堂担任学监。

屠义源转入政界后,曾任托克托县知事、和林格尔县知事。在和林县任职期间,他在植树、修渠、兴学、办厂等诸多方面很有建树。当时,在他主持下兴办的农场大门上,曾留下他亲自题写的一副对联:"且就河滩兴地利,要将人力夺天功。"地方人士还在和林西关外为他立有德政碑一通。

再后来,屠义源被冯玉祥提升为绥远都统署政务厅厅长[2]。

---

①唐、五代时对山居讲学者的敬称,后来书院沿用此称谓。
②《呼和浩特文史资料》第1辑,刘映元的文中说屠义源任绥远政务厅厅长;《内蒙古文史资料》第31辑,屠义源的文中说调任热河政务厅厅长。

据武川县政协文史资料委员会编辑的《武川文史资料》中《武川建厅改县前后见闻》(第5辑,赵国鼎口述,刘映元整理)一文记载:“我雇车到梁永芳另立的字号取面时,看见民国以来绥远第一个好官、湖北孝感人屠义源(已故,曾任内蒙古自治区人民委员会参事),全家都寄居在梁永芳的字号里。这年他当托克托县知事,没等禁烟专员来到,就把烟铲光,结果被潘榘楹撤了知事职务。”

事情的经过是这样的。

新中国成立前,绥远鸦片(大烟、罂粟)屡禁屡种,人们习以为常。每年禁者自禁,种者自种,最后总是收些罚款了事。

民国初年,袁世凯严令禁种,而托克托当时是种大烟比较多的地方,于是绥远当局准备选派屠义源去托城署理知事。

1917年4月,屠义源被正式委任为托克托县知事。临行前,绥远道尹手握禁烟令,郑重其事地告诉屠义源:“如果禁烟不力,知事将被枪毙。”

屠义源在上任之前,已查明托县种大烟五百多顷,于是印好布告一万张,告文是:“偷种大烟,罪名极重,倘敢故违,法无宽纵”十六个大字。到任一接印,即先行印贴。

百姓目睹城乡大街小巷张贴的布告,议论纷纷,各怀揣测之心,认为来势甚猛,与往年禁种形势不同。紧接着,屠义源召集县里的士绅及乡村负责人开会,又谆谆告诫一番,真是舌敝唇焦。其后,种烟之行似有所收敛。

而后,屠义源又亲赴各乡轮流演讲,重申禁令,态度坚决,不留余地,让百姓自觉遵守,自动铲除烟苗。但人们等待观望,自行铲除的不多。

当时,县内驻有一营军队,其中一队队长名叫王占魁。屠义源主动找他磋商办法,希望王队长协同组织一个督铲队,帮他办成此事。富有正义感的王队长深感屠知事禁烟态度的坚决,立即令部下官兵先把自己所包庇或与他人合种的大烟全部自动铲除,否则以军法论处。部队官兵无一抵抗,并写了保证书,保证不再重犯。乡村百姓见状,不敢违令,自动铲除烟苗。屠、王二人带督查队到各乡村督铲,全县的烟苗大部分被清除。

正当屠义源清理善后,督率农民改种嘉禾之际,赶上袁世凯登基,改年号为洪宪。

袁世凯复辟帝制,一时政局混乱人心浮动。而拥护"洪宪"的绥远混成旅旅长王朝烈,派人赶到托克托县宣布"即日起禁止铲烟,废除一切禁令,解散督铲队"等,召集托克托县地方绅士大肆提倡复种大烟。此论一出,不胫而走,全县上下沸腾,叫骂之声不绝于耳。

屠义源经此一气,酿成重病,不得不辞职而去,寄居于梁永芳的字号里。

这样一来,种的、吸的、贩运的,黑市、走私猖獗,绥远禁烟徒有虚名。

1931年,傅作义改组绥远政府不久,便成立了一个县政视察研究委员会。县政视察研究委员会由傅作义任委员长,屠义源任副委员长,把省政府秘书处的三十二个秘书和视察员,派到除东胜、沃野以外的十六个县局去深入调查。按十六个县设委员三十二人,分成两组巡回工作,视察完毕回来研究,研究以后再去视察,三个月轮换一次。

1934年秋,绥远省开始筹备成立乡村建设委员会,屠义源草拟了一个组织简章,会址设在省府东院大厅内,并于1935年春天开办了乡训所。

省乡建会的委员长由傅作义自兼,屠义源为副委员长兼总干事,初成立的时候,分为指导和训练两部,梁漱溟的学生李澄(字渊庭)以省府秘书的名义在乡建会工作。李渊庭是托克托县人,其父亲李永清于民国元年任和林县知事;岳父阎懋于民国元年任东胜县知事,妻子阎秉华系阎懋之女。

1949年,屠义源积极参加了绥远省的和平起义。

新中国成立后,屠义源任绥远省人民政府参事室参事,绥远省第一届人民代表大会代表,绥远省政协第一、二届委员。

马占山与托克托

马占山(1885年11月30日—1950年11月29日),字秀芳,抗日爱国将领。1885年11月30日生于吉林省怀德县(今吉林省公主岭市),祖籍河北省丰润县(今河北省唐山市丰润区)。

笔者看刘映元先生的《国民党接收包头前后见闻》(《刘映元文集》第263页)一文时,有一段话特别引人注目,这段话是这样写的:日本投降后,"这几天八路军绥蒙军区的部队,在姚喆司令指挥下,前去接收归绥,和伪蒙军的门树槐展开激烈巷战,并跟傅部抢夺胜利果实的三十一师在毕克齐车站接了火。在南山黑城一带的国民党杂牌部队郭长青部,闻讯跑到归绥近郊,城里的商会会长阎英、镇长朱英、回教协会的曹英,天主教的神甫白祥,以及'民生会'的老龙头,乘汽车出去欢迎,故郭长青部抢先进了归绥城。"

文中提到的"门树槐"是伪蒙军骑兵第二师师长。

而这个门树槐不是在1938年3月17日马占山将军收复

托克托县城时,被马将军部下生擒,迫使他反正的那个伪蒙古军骑四师的团长吗?

事情的经过是这样的。

一、时代背景

《马占山将军在绥远抗战的前前后后》(杜海荣著,《内蒙古文史资料》第22辑第33页)记载:“1937年10月,日寇侵占了归绥、包头后,准格尔旗、河套地区及托克托县相继沦陷,黄河南岸村庄时受日军炮击,达拉特旗康王(康达多尔济)投敌,准格尔旗东、西协理奇文英和奇风鸣向德王(德穆楚克栋鲁普)靠拢,伊克昭盟地区岌岌可危。马占山将军率领万余人部队,到伊克昭盟准格尔旗大塔以南驻扎。十一月初,马占山在东胜召开伊克昭盟各旗王爷会议,共商确保伊克昭盟抗日大计。”

1938年2月,马占山将军为将总部指挥机构驻到安全的地方,率总部移驻陕北府谷县哈拉寨古镇。从此,东北挺进军以哈拉寨为大本营,以准格尔旗为抗日根据地,活动于准格尔旗全境、哈拉寨周围地区,与黄河北岸的日伪军对峙,担负着准格尔旗沿黄河的河防任务。

二、历史事件

1938年春,日军集结重兵准备向徐州等地发动进攻。蒋介石为牵制华北日军支援徐州,命令傅作义反攻归绥,以牵制敌人,并命令东北挺进军马占山部配合傅作义反攻。马将军奉命过黄河,配合傅部的反攻归绥之战。

笔者在《马占山与托克托》一文中讲道:“1938年3月16日夜,马占山率部东渡黄河,以奇袭方式进占河口镇(今内蒙古托克托县河口村)。17日晚,收复托克托县城,乘胜击退三路来犯之敌,生擒伪蒙古军骑四师团长门树槐[①],迫使他全团反正。同时,挺进军骑六师师长刘桂五指挥一个支队,于当天拂晓进袭萨县,一度占领车站,将铁路破坏,仓库焚毁,切断平绥铁路。"

在这次收复托克托县城的战斗中,缴获伪蒙古军汽车几十辆和许多武器弹药。此役活捉伪蒙古军骑四师团长门树槐的是马占山的部下刘盛五的骑二旅官兵。

刘盛五,原名刘世昌,字盛五,1897年生于绥远萨拉齐厅苏波盖村(今包头市土默特右旗苏波盖村)。

著名记者杨令德先生(今呼和浩特市托克托县旧城寿阳巷人)在其1940年出版的新闻集《活跃的北战场》中高度评价了刘盛五的部队,他写道:"他们骑术精,射击准,地理熟,加以深受亡痛之苦,所以在马占山将军的领导下,便英勇地开展了绥远的游击斗争。"

随后,马占山将门树槐放了回去,并给李守信带了一封信,要李守信顾全民族大义。

收复托克托县城后,马占山将军率刘桂五骑兵第六师骑兵第一旅及特务营等,从高龙渡口过河,分道北上。在陶思浩附近与伪蒙军遭遇,双方展开激战,经过两天的战斗,占领了察素齐火车站。

①门树槐在《托克托县志》中记载为门树森。

杨令德、贾静德与托克托

杨令德和贾静德都是内蒙古托克托县人,他们都是托县有名的文化人,而且是公认的学识渊博、品德高尚的文化人。贾静德于1984年逝世,享年90岁;杨令德于1985年逝世,享年81岁。

杨令德,原名杨正堂,字令德,笔名许如,生于内蒙古托克托县托城寿阳巷的一个大家族、小商人家庭,1919年毕业于托克托县托城高等小学校。

生前曾任内蒙古自治区政协副主席、民革内蒙古自治区委员会主任委员。新中国成立前曾任《大公报》驻绥远特派员。著有《伟大的工作》《活跃的北战场》《塞上忆往》。

贾静德自称"本人",故当地人也称他为贾本人。贾静德不仅博学多才,而且学而不厌,诲人不倦。

杨令德、贾静德都在归化城上过学。当时,杨令德、李裕智上的是归绥中学,贾静德上的是归绥简易师范。

杨令德在《五四初期新文化运动在绥远地区的传播》一文

中写道:贾静德是塾师部荣先生的弟子,读过四书五经,家贫不能深造,住归绥简易师范不到一年,就回家当了塾师。其时,贾年不过十七八岁,学生颇有年长于他者,而他对学生也是施以夏楚,严加管教。他教的学生,学业成绩一般都较好。这样他就成为名噪一时的"少年塾师"。

1917年,为给当地培育商业人才,时任托克托县河口镇商务会会长的阎懋,以商会的名义,组织兴建了河口镇乙种(一等)商业学校,并于1918年春季开学招生。校址设在财神庙(一说城隍庙),聘任卢植甫为校长,教员有卢应九、贾大明、李农夫。贾静德为管理兼教员。这所商业学校,是托克托县创办职业学校的先河,也是绥远地区创办职业学校的先河,比绥远省立归绥农科职业学校早建六年。历年在校学生七十多人,课程有国文、算术、商业、论语、修身、作文、珠算等。

1918年,贾静德曾代表河口商会只身赴绥远特别区面见蔡都统(蔡成勋),诉说托县灾情。他不辱使命,陈情有理有据,最终为众商号减免了部分税捐。

1922年,卢植甫调任,贾大明继任校长。教员有贾静德、李培基、阎得池、王宝臣等。同年,贾静德接替贾大明任商业学校校长。

1925年,杨令德回到托克托县,在商业学校当了教员。托城距归化城比较近,文化发达一些,"五四"新文化运动也逐渐传播到这里,其时杨令德是一个思想进步的青年。

1924年,杨令德和贾静德曾有过"文白之争"的笔墨官司。

杨令德在1984年写的《五四初期新文化运动在绥远地区的传播》一文中回忆他和贾静德的交往:"静德对我自然很不

满意(指文白之争事),真是不打不相交,当我也在商业学校任教时,我们很快就成了知己。后来我当了新闻记者,离开家乡几十年,他在家乡勤勤恳恳当了一辈子教员,桃李满门,功在桑梓。”

新文化运动中,有文白、新旧之争。当时,贾静德代表的是旧文化,但在后来的教学活动中,他给学生们既讲古文、古诗词,也讲现代文学作品。他讲过鲁迅的《纪念刘和珍君》及郭沫若的诗,也曾将汉代长诗《孔雀东南飞》改编成剧本。在讨论文学知识时,他常给学生们背诵并讲解苏东坡的《念奴娇·赤壁怀古》、范仲淹的《岳阳楼记》。他自己花钱买麻纸,用毛笔写了一本《辞汇本》,发给学生。《辞汇本》共收集成语300多个。

出资建造古镇河口铁旗杆的是山西榆次人侯财主,他的双和店栏柜的明柱上有一副对联:“江上济人百里奚,商中丞相范夫子”,“江”字写得很像草体“世”字。究竟是“江上济人”还是“世上济人”?河口的“读书人”发生了争论。当请教贾静德先生时,他不假思索地说是“江上”而不是“世上”,并现场讲述了百里奚水路赈灾的故事。(见张秉谦《贾静德先生二三事》)

1948年,华北野战军第三兵团等部队向绥远进军途中解放了托克托县,县人民政府将县城几所学校合并,委托贾静德担任校长。

后来,杨令德在讲到贾静德时说:“60多年来,我们始终保持了深厚的友谊。新中国成立后他拥护党的领导和社会主义制度,拥护祖国的统一。在党的培养下,他的儿孙辈有优秀的共产党员，他以‘鞠躬尽瘁，克己而已’勉励之，高风亮节，老而弥笃。晚年受聘为内蒙古自治区文史馆馆员，1984年初以近九十岁高龄逝世。”

今天，我们就以贾静德1968年春天写给外孙张采藻的一首诗来结束此文。

咏 春

二月春风遍地青，柳絮芳菲花万纷。
远山有似玄奘马，近水犹如素娥巾。
热风频来稀白玉，冷气倏过变黑冰。
农夫颜开歌六陆，诗人笔动庆三春。

（见张采藻《学而不厌、诲人不倦的先生——追忆我的姥爷贾静德》）

多才多艺的刘继志与托克托

刘继志,1917年10月11日出生于托克托县城文庙前院一个书香门第之家。祖父刘秉威是县城的私塾先生,父亲刘琳(字昆山),先后任托克托县官立第二高(指高小)、初两等学校校长、官立第一高等小学校长。

刘继志长子刘勤(原内蒙古教育厅副厅长)对其父亲评价说:"父亲的一生是勤奋学习的一生:从文学到医学、科技、书法、气功等,凡所学一是志趣高雅;二是学以致用;三是坚持不懈;四是从不争名、夺利,始终保持着良好的心态和无私的胸怀。"(摘自《托克托地方史迹》第一辑第158页)

笔者在此补充一点:刘继志对武术也很精通,尤其是八卦拳。刘先生在《往事回眸》一文中写道:"我跟从杨老师练习国术几十年,受益匪浅。"杨老师的名字叫杨荣。

1930年,刘继志以优异成绩考入归绥省立第一师范学校简师第三班,学习了四年。当时的校长是刘汉,国术老师是杨荣。

1947年2月,归绥中学校长阎秉乾、教务主任刘兆梦聘请刘继志为该校语文教师。

阎秉乾是托克托县河口镇人,刘兆梦也是托克托县河口镇人。他们两人与刘继志既是乡邻,又是亲戚。

阎秉乾,托克托县河口镇阎懋的长子,阎秉华之兄。刘兆梦,字幻尘。《刘氏家谱》(刘玉天编)记载:"《北方新报》张铎署名文章《一代名师》中写道:'刘幻尘讲课,批改作文最佳,听他的课是享受,他的书法也好。'"

刘继志的文章,语言朴实无华,注重客观公正地叙述历史,反映了不同时期的社会现象。今天,我们从三个方面谈刘继志的文学人生。

一、报纸杂志

刘继志先后在《呼和浩特晚报》等报纸发表了许多散文,分别有《露天裁缝铺前》《二平》《南来的雁群》《满都海公园》《霞光晚晴》《全国名胜半日游》《婚姻介绍优选法》《公园里的气功师》《新城忆昔》《朝霞》《结婚典礼办舞会》《姥姥家的蚂蚱》《五爷爷一席谈》《鱼目混珠》等,共二十多篇。

二、文史资料

刘继志发表在《内蒙古文史资料》《宁夏文史资料》《石咀山文史资料》《呼和浩特日报》《托克托文史资料》《托克托教育志》等书报上的文章主要有《托县第一小学校长刘琳》《绥远省立第一师范学校校长刘汉》《我所知道的国立绥宁师范》《马鸿逵霸占沃野设治局之经过》《抗战时期的宁夏佛教居士林》《抗战时期在国立绥宁师范任教的托县籍知识分子》《往事回眸》等。

在《往事回眸》里,刘继志先生又分段叙述了若干史实:1.刘瑛小传,记述了父亲的兄长刘瑛的人生经历;2.记述了抗战时期在国立绥远、宁夏师范任教的托县籍知识分子的事迹;3.介绍了国术老师杨荣先生;4.最后,讲述了托克托县教育与迷信的斗争。

三、文章摘录

1.刘继志在《永远怀念诤友袁烙同志》(《托克托文史资料》第三辑)一文中写道:

"袁烙是参加革命后的名字,原名袁福印。福印与我同庚,都是1917年出生于内蒙古托克托县城关。我俩又是一起从托县小学毕业后,考入归绥省立第一师范学校简师三班的同班同学。"

文中还写道:"斯诺的《西行漫记》出版发行后,福印立即将该书送给他的舅父杨令德,劝他脱离国民党右派,走共产党领导的抗日大道。杨先生是新闻界元老,对袁福印参加中国共产党领导的革命斗争积极支持。"

杨令德,原名杨正堂,字令德,笔名许如,生于内蒙古托克托县托城寿阳巷的一个大家族、小商人家庭,1919年毕业于托克托县托城高等小学。新中国成立前曾任《大公报》驻绥远特派员。著有《伟大的工作》《活跃的北战场》《塞上忆往》等。

2.刘继志在《吴桐二次比武》(《托克托文史资料》第三辑)一文中写道:

"1923年我在托县第一高小上学时,吴桐是我们的体育老师,除教我们上体育课外,还教我们太极拳。"

文中还介绍吴先生道:"吴桐在托县一小毕业后,升入归绥(今呼和浩特市)一中,毕业后考入北京体育专科学校,经北京武术界知名人士的推荐,武术大师吴鉴泉收他为徒,并亲自传授吴氏太极拳。加之吴桐有八卦掌之雄厚基础,且又精通吴氏太极拳,真是如虎添翼。体专毕业后,吴桐先被母校托县一小聘为体育教师,后被归绥中学聘为武术教师。”

刘继志在文中还叙述道:“吴桐老师是我父亲刘琳任托县第一高小教师时的学生,我又是吴老师的学生,吴桐老师的儿子秉中、秉孝又是我在归绥一中任教时的学生。三代师承,关系匪浅。吴老虽已作古,而其子秉孝任内蒙古医科大学国术教授,桃李满天下,后继有人,可以告慰吴老在天之灵。”

四、总结如下

刘继志是一名优秀的人民教师,他那高尚的品德、高度的责任心、乐观的心态,对后人起到了榜样的作用。

刘继志先生于2007年4月在呼和浩特市逝世,享年九十岁。

袁烙与托克托

袁烙(1917—1988),原名袁福印,笔名芙茵、友兰、漠南,内蒙古托克托县城关镇寿阳巷人。

袁烙自幼聪慧,五岁时,便到县立的清真小学上学。受其舅父杨令德的影响,从小爱看小说,且有很强的阅读能力。

1930年的春天,不满十三周岁的少年袁烙,随二哥袁承印(即袁尘影),从故乡托克托县到了归绥,参加了绥远第一师范学校招生考试,以第十一名的好成绩被录取。

1933年底,袁烙于绥远第一师范学校毕业。翌年,考入北平志成中学高中部学习。毕业后,又考上北平燕京大学新闻系。袁烙在北平参加"一二·九运动",并加入中共外围组织中华民族解放先锋队。

其间,袁烙发表的代表作品有:1.《冲破樊笼》(发表于1933年7月30日《绥远民国日报·十字街头》);2.《献给故乡的朋友》(发表于1937年1月14日《绥远社会日报·洪荒》);3.《寄》(发表于1937年1月21日《绥远西北日报·塞北诗章》

第7号)。

北平沦陷后,袁烙与表舅霍世忠、表兄王广绶逃出北平,辗转于烟台、济南、徐州、太原之间,适逢著名作家丁玲领导的八路军西北战地服务团到了太原,袁烙以中华民族解放先锋队队员的资格,参加了这个服务团,并在服务团工作时改名为袁烙。

1938年,袁烙在绥德加入中国共产党,被派到杨虎城将军所属、赵寿山为军长的38军血花剧团任副团长,随军开赴晋东南的中条山一带抗战。同年,党组织派他到中共战时青年训练班学习,毕业后留班当教员。

1940年11月,袁烙调到陕甘宁边区,任延安救国会青年剧团团长。

1945年抗战胜利前夕,党组织派袁烙前往宁夏银川做地下工作。他在银川工作将近一年,于1946年上半年回到了陕甘宁边区的定边。同年,他又被派往兰州做地下工作。从兰州返回边区后,他于1947年参加了边区保卫战。同年8月1日,他在绥德与艾琴兰结婚,并参加了榆林战役。这一年,党组织派袁烙到西北党校学习。

1948年5月中旬,袁烙被分配到延安《群众日报》工作,先后担任记者、编辑、副主编。

1949年5月21日,西安解放,《群众日报》在西安出版发行,袁烙任《群众日报》编辑委员兼城市记者组组长。

1952年2月,袁烙被调到《西安经济快报》任社委会主任,1953年7月1日,《西安经济快报》改组为中共西安市委机关报——《西安日报》,1961年改为《西安晚报》,袁烙任社长、总编辑直到1966年5月。其间,他被选为中共西安市委候补委员和西安市人大代表,并被评为省劳动模范,出席陕西省文教群英会。

1976年,袁烙回到《西安日报》报社任总编辑,1979年,又兼任中共西安市委宣传部副部长。

在担任《西安日报》《西安晚报》的总编辑期间,袁烙发表了数百篇文章,其中包括社论、短评、散文、诗歌、答读者问等多种多样的作品。

1983年夏天,袁烙参加了在包头举行的报纸工作会议,并向参加者讲了办报的经验。其间,他特地回到阔别五十多年的故乡托克托县探亲访友。在离开故乡的时候,他还把托克托县的一块黄土带走作为纪念,以表达他对故乡的眷恋之情。

马蛟龙在《记者与总编——写在袁烙同志逝世一周年》一文中回忆道:"我是1964年大学毕业后分到《西安日报》、在袁烙同志领导下工作的。多年的接触中,他那横溢的才华,富于鼓动性而又口若悬河的演讲才能,都给我留下了极深的印象。特别是他那深入细微的作风、任人唯贤的气度、一身正气,敢作敢为的气魄,更令人终生感佩。"

刘继志在《永远怀念诤友袁烙同志》一文中写道:"袁烙的夫人在西安干休所,我的大女儿刘立于1999年赴西安工作时,曾代我去探望问好。她说几个孩子均已成家立业,在祖国的各条战线上贡献自己的才华,能继承父志,可告慰父亲,实在是后继有人。"

热心教育事业的刘琳与托克托

在托县老一辈人的心目中,刘琳是托克托县教育战线的功臣,是吗?是的!且听笔者慢慢道来。

在呼和浩特市政协文史和学习委员会编写的《呼和浩特文史资料》第十八辑《呼和浩特人物传记》中讲述:

“刘琳(公元1885—1927年),字品山(昆山),托克托厅账房坪村人。

刘琳自幼好学,入村塾,诵读四书五经。公元1912年,任河口育才小学堂校长。翌年,考入归绥中学堂附设的师资讲习所(四年制师范)。公元1917年,毕业回县,接任县官立第一高等小学校长职务。”

公元1917年,刘琳担任县立第一高等小学校长后,将学校重新整顿。聘曹富、曹明为教师,所设学科仍照前不变,给学生开讲《孟子》,颇受家长欢迎。此时,全校学生增加到百余名,仅有高年级。

公元1921年,托克托县劝学所(县教育局前身)所长卢植甫(曾任河口商业学校校长)上任伊始,就派比自己年长十一岁、人称“白衣秀才”的刘琳(曾任河口小学第二任校长)先生去北平学习“五四”后的新文化。

刘琳先生在北平吸收“五四”以来新文化的同时,还从北平买回了《胡适文存》等图书。他还给托城、河口两校购置了铜鼓、铜号,每到节日或开会,各校学生整队到街头活动,鼓号齐鸣,气氛热烈,于是学生日增。原在私塾上学的杨令德、霍世休等年龄较大的学生都转到官立高等学堂上学了。由于学生增多,学校名称改为“托县县立第一小学”,此时学生已达200名。

刘琳先生在培养人才上颇有建树。由于刘琳校长办学有方,辛勤耕耘,学生的学习成绩比较突出,毕业生多数考入省立归绥中学和省立归绥师范学校。考入省立归绥中学的学生有吴桐、杨令德、霍世休(注:清华大学研究生毕业,导师朱自清,归绥中学校长)等,考入省立归绥师范的有霍世昌等多名学生。

刘琳校长在热心教育事业的同时,还在托城和河口两地开展民众教育宣传活动。他带领师生们走上街头,用地球仪讲解日食、月食的道理,进行科普宣传教育。到20世纪90年代初,当地的老年人讲到刘琳先生时仍记忆犹新,刘琳先生给他们留下了很好的印象。

刘琳先生除在学校向学生们进行科学文化知识的教育外,还通过宣传教育活动提高民众的思想认识水平,破除封建迷信思想。他提倡男女平等,反对妇女缠足,促进社会进步。此举不仅受到社会的普遍肯定,更受到学校师生的敬佩。

1923年,刘琳校长因积劳成疾回家养病,校务由曹富代理。

之前,刘琳的父亲刘秉威是私塾教师,在托克托厅的托城北街文庙后院开馆授徒,教“四书”“五经”。母亲郝氏因长期生活于这个教育之家,同样受到了文化教育的熏陶。

刘琳有个胞弟叫刘瑛,字光甫(1910—1985年),出生于托克托县旧城北街文庙大院。

1927年6月,刘琳去世,时年42岁。

刘琳的儿子刘继志在《往事回眸》一文中回忆道:

“刘瑛于1917年入托县第一高小。1923年高小毕业,同年赴归绥升入绥远第一师范五年科学习。1928年毕业回托县任高小教师。时胞兄病逝,校长一职由曹富先生接替。刘瑛酷爱书法,并以隶字体为其兄竖立的石碑撰写墓志,其文曰:缺医少药,肺病逝世,享年四十二,英年永诀,师生号啕,悲哉痛焉!”

谨以此文纪念刘琳先生,笔者心中充满敬意!

武术家吴桐与托克托

1949年9月19日,以绥远省主席为首的绥远军政干部和地方各界代表三十九人,联名通电起义,宣布脱离蒋介石反动集团,走到人民方面来。

吴桐(1901—1962年),字子琴,乳名旺小子,内蒙古托克托县人,我国杰出的武术家。

他的祖父吴英、叔祖父吴耀,都是有名的拳术家。

吴桐小时候跟随三祖父吴耀学习弹腿、长枪等,对拳术三门(八卦、形意、太极)中的八卦拳情有独钟。

早年,吴桐就读于归绥中学,课余一边学习知识,一边苦练武功。

中学毕业后,他以优异的成绩考入北京体育专科学校,这时,他已练习“八卦”将近20年。

当时的武术界有个知名人士叫许禹生,字龙厚,在北京创办了北平体育研究社。许禹生见到吴桐后,就介绍他给吴式太极拳创始人吴鉴泉(1870—1942年)。

1935年,出版了《吴鉴泉氏的太极拳》一书,吴桐被列为吴鉴泉先生的嫡系弟子之一。后来,吴桐告别了吴鉴泉先生及诸位武友,从北京返绥,被聘为母校——归绥中学的体育教师。

在教学之余,吴桐一边温习旧艺,一边又和在该校任教的祖父的徒弟荣连升[①]学习阴把枪和太极剑。阴把枪又名"八卦缠枪"(也有人叫"阴把缠枪")或叫"八卦朝(有人也讲'八卦超')顶缠枪",它综合了杨、姜、马、高、罗、赵家枪术的精华,形成了自己独特的风格。枪谱中有"一接二进白蛇弄风,三拦四缠怪蟒反杆,五拿六直趁空直入"的说法。

1928年10月10日,南京举行全国武术第一届擂台赛(也称"国术国考"),主持人是张之江。张之江是中国国术的主要倡导人和奠基人,中国国术馆第一任馆长。1936年,中国国术馆选拔武术队参加了第十一届奥运会。

在1928年10月10日之前,吴桐、宋标代表绥远省前往比赛,吴桐的老师吴鉴泉先生作为评判员也参加了此次赛事。在这次擂台赛上,吴桐一连三胜获得甲等,宋标一连两胜获得乙等,二人均获得大会奖状及奖章。从此,吴桐的名字传遍武林。

宋标是谁呢?宋标,字玉节,1900年生于托克托县河口镇,祖辈于清咸丰年间由河北宣化迁居托县。宋标幼年因家贫无力读书,然喜爱武术,便拜吴耀为师,开始习武。宋标比吴桐大一岁。

---

①字中海,生于1877年,卒于1940年。

1929年4月,绥远省国术馆正式成立。吴桐被任命为副馆长,主持日常工作。当时馆长由绥远省主席李培基兼任。国术馆下设教务、总务、编辑三科。

吴桐虽声震武林,但为人谦和。代林先生在《呼和浩特回族武林人物》一书中讲述道:“记得刚建起国术馆,托克托县的一个大力士来访,他壮实得像只北极熊,据说此人两臂,有千斤之力。他找到国术馆,非要和吴桐比试。吴桐三番五次谦让,可来人硬是不肯善罢甘休。壮汉说:‘旺小子,你不和我比试,就是眼高看不起同乡。’跟着又讲了好多讽刺话。吴桐想如若再推托就不近人情了,他也发现该人有点不知天高地厚,作为同乡有必要让其清醒清醒,以免往后在他乡造次,带来严重的后果。继而,吴桐揖手相让,壮汉一个‘猛虎扑食’,他不徐不疾,伸手一迎。壮汉越打越狠,招数变化无常,各家杂陈,忽掌忽拳。吴桐暗暗称好,没想到分离几年,他还学了点离奇古怪的功夫。”

“战了片刻,四周的人肃然无声。吴桐的太极精妙绝伦,拳一阵紧似一阵,壮汉到底年轻,学艺火候未到,临场经验太少。吴桐再连发几招,他立刻转处下风。当又一回合,吴桐用太极的四两拨千斤的功夫,轻轻将对手连根拔起,急出一掌,把对手从他的办公室打到国术馆的院子里。吴桐出手如此迅速,令人赞叹惊服。壮汉本是蓄意试之,不想被吴桐猛力一教训,愧色不语,拱手施礼,低头而去。吴桐文而不弱,武而不粗。他上前再三挽留,并道出手过重之歉,劝说壮汉今后务要自重,千万不要和外人随便较技。”

1929年,在归绥市的小校场中山纪念堂前举行了绥远省武术史上唯一的一次擂台赛。吴桐担任总裁判长,吴耀、宋标、尹如川(中山学院老师)、孔博泉(中学老师)、贾可诚(托县人)等任裁判。

1937年,日本侵占了绥远,国术馆被迫关闭。抗战胜利后,1947年8月,绥远省国术馆又恢复了活动。吴桐继续任副馆长,馆长由当时的绥远省主席董其武兼任。

1948年,绥远省的文教机构进行过一次改组,将原国术馆、体育场、民众教育馆、图书馆四个单位合并在一起,组成绥远省社教推行委员会,主任委员是吴桐。

杨令德先生在《忆塞外武术大师——吴桐》一文中讲道:"新中国成立以后,他到北京多次参加全国运动会,还荣获关于太极拳方面的国家裁判的职称。他看到新中国成立以来祖国社会主义建设各方面的伟大成就,看到他所专擅的拳术也在党的正确方针指导下日益发展,就更加激起了他的雄心壮志。新中国成立后不久,他调到内蒙古体委工作。他工作积极认真,教人学习太极拳也更热心了。可惜,20世纪60年代初他就患了病,他在患病期间,受到了党和政府无微不至的关怀。"

1962年,吴桐扶杖出席国庆节的庆祝大会,不幸于10月20日与世长辞。在吴桐的追悼会上,他生前好友杨令德为他作了悼词,高度赞扬了这位武术名家的一生。

杨令德、杨植霖与托克托

杨令德,原名杨正堂,字令德,笔名许如,生于内蒙古托克托县托城寿阳巷的一个大家族、小商人家庭。新中国成立前,曾任《大公报》驻绥远特派员。著有《伟大的工作》《活跃的北战场》《塞上忆往》等。

杨植霖(1911—1992年),生于内蒙古土默特左旗什报气村。曾任绥远省人民政府主席,内蒙古自治区人民政府副主席;中共青海省委第一书记,青海省政协主席;中共甘肃省委书记,甘肃省政协主席。著有《王若飞在狱中》《凯歌》《两地集》等。

1984年11月3日,杨植霖赠予杨令德一首诗,诗的名字叫《喜见晚晴——赠杨令德兄》,诗中赞曰:

欲去朦胧赴远程,彷徨歧路盼黎明。
盘桓十字街头上,几度牵人出火坑。
塞外流云常障目,高原驱雾见山清。
莫云未盖难评定,但见霞光射晚晴。

杨令德曾为此诗作过注释,注曰:“赠诗对于我之终于走向光明,如此期许鼓励,实深铭感。诗中须说明:1.《火坑》为‘五四’初期我主编的内蒙古较早的文艺刊物,曾列名于《新文学大系·五四新文学刊物表》。2.《十字街头》为我主编的副刊。3.《朦胧》为发表编后话之专栏。”

下面重点介绍《火坑》和《十字街头》。

一、《火坑》

1925年下半年,由共产党人蒋听松任社长、胡英初任总编辑,在包头办起了《西北民报》。这年冬,杨令德就在《西北民报》当了编辑、记者,一面做外勤采访,一面编副刊。

《西北民报》出版虽然不到两年,但在内蒙古西部地区不但是新文化的先驱,而且也是用语体文办的第一张报纸。就在这个报纸上,杨令德创办了本地区第一个文艺刊物《火坑》。起先是作为《西北民报》的副刊,篇幅不大,随报发行。1926年“三一八”以后,便在北京印刷,单独出刊。因为用了《火坑》的刊名,便有“火坑社”的名称。

1928年《绥远日报》改组为《绥远党报》,这时祁志厚由美国归来,并聘任杨令德为这个报的总编辑,《火坑》也在这时恢复出版。

《火坑》是在20世纪30年代初停刊的,在《火坑》停刊后,苏谦益、武达平、杜如薪等出版了不定期刊物《血腥》。

二、《十字街头》

1931年,杨令德认识了张季鸾,当了天津《大公报》驻绥记者。同时,他先后在《民国日报》《西北日报》当副刊编辑,并在《民国日报》开辟了题为《十字街头》的专栏,每天刊登一些杂文和诗歌小品,成为不少爱好文艺的青年们发表作品的园地(在杨令德主编地方新闻版时,一度由高沐鸿编《十字街头》)。

关于《十字街头》,杨令德先生说,后来国民党扼杀新文化运动,进步文艺刊物在夹缝中挣扎。“就这样,我们还在国民党的报刊上开办了《十字街头》,发表了不少如杨植霖、韩燕如、章叶频、武达平等同志的诗文。”[①]

后来,杨令德把《十字街头》改为《塞风》,扩大篇幅,虽系《民国日报》副刊,实际上是《火坑》的替身,一直出版到七七事变前夕。

杨令德先生在《塞上忆往》中还写道:“我当时还兼任一家小报《社会日报》的总编辑。《社会日报》的副刊,是委托章叶频、袁尘影几个青年办的,他们出了个《塞原》。在我脱离《西北日报》时,他们是我编辑副刊的有力助手,我没有时间去管《社会日报》的副刊,就放手由他们处理。他们做了大量的宣传工作,其中杨植霖、武达平、韩燕如、袁烙等是主要撰稿人。”

章叶频先生在《绥东抗战时期的绥远文艺界》一文中写道:“有些诗文在赶不上《塞原》《塞北诗草》出刊的时候,为了及时和扩大影响,随写随即登载在绥远《西北日报》副刊《塞风》上。同时我们在自己编的刊物和副刊上,组织发表了不少宣传抗日救亡,揭露日寇在华北野蛮暴行的诗文。如雨三(杨植霖)的《真战士的态度》等。”[②]

刘映元先生在《抗战前归绥市的报纸和通讯社》一文中写道:“杨令德除自己编辑《十字街头》外,还腾出版面支持中

①当时左联创办的一个文艺刊物就叫《十字街头》。
②《民国日报》后改为《西北日报》。

山学院已经毕业参加了文化、教育和新闻工作的章启勋（章叶频）、袁尘影、武佩莹（武达平）等青年创办《塞原》和《塞北诗草》等新文艺期刊。”